I0762555

Jardín

Textos de
Riz Reyes

Ilustraciones de
Sara Boccaccini Meadows

A mi amiga Audi y a mis sobrinas y sobrinos - R.H.R

A mi pequeño girasol, Jaiah - S.B.M.

Solemos pensar en los superhéroes como humanos con habilidades y poderes extraordinarios, pero ¿podemos decir lo mismo de las plantas o las flores? A menudo olvidamos lo asombrosas y resilientes que pueden ser: hacen cosas que nosotros jamás podríamos hacer y nos salvan la vida por el simple hecho de existir en este planeta.

Al crecer, empecé a ver las plantas como heroínas que luchan cada día contra los retos de la vida. Saben crecer, adaptarse y darnos grandes lecciones en cada estación del año. Verlas crecer y florecer y saber que si lo necesitamos pueden convertirse en alimento, refugio o remedios medicinales es algo mágico.

Los capítulos de este libro muestran los esfuerzos heroicos de distintos «héroes vegetales» que han sido fundamentales en muchas comunidades y culturas de todo el mundo. Desde las especies silvestres hasta las variedades domésticas, las plantas y sus parientes ofrecen una forma única de comprender el papel vital que desempeñan determinados frutos, vegetales y flores.

El placer de cultivar plantas y dedicarse a la jardinería te garantiza que nunca dejarás de aprender. Mientras escribía estas páginas, me ha sorprendido darme cuenta de todo lo que me queda aún por saber y, más importante, mis ganas de seguir aprendiendo. Ojalá, al leer este libro, los niños descubran sus héroes botánicos y los lectores adultos puedan redescubrir los suyos para que todos sepamos apreciar plenamente el mundo natural que nos rodea.

- R.H.R

ÍNDICE

MENTA

la HEROÍNA DEL AROMA y los REMEDIOS

La menta es la hierba más popular del mundo por muchas razones.

Si tienes problemas para dormir, te sientes ansioso o estresado o te duele el estómago, seguramente la menta puede ayudarte.

MENTA PIPERITA
MENTHA x PIPERITA

Como buena heroína del remedio, la menta es una planta particularmente resistente y fuerte. Crece con muy pocos cuidados y esparce su aroma mentolado por todo el jardín.

La menta es una hierba **«perenne»**, lo que significa que vuelve a crecer año tras año.

Sus hojas crecen **enfrentadas** entre sí.

Las hojas pueden **olerse** y también **comerse**.

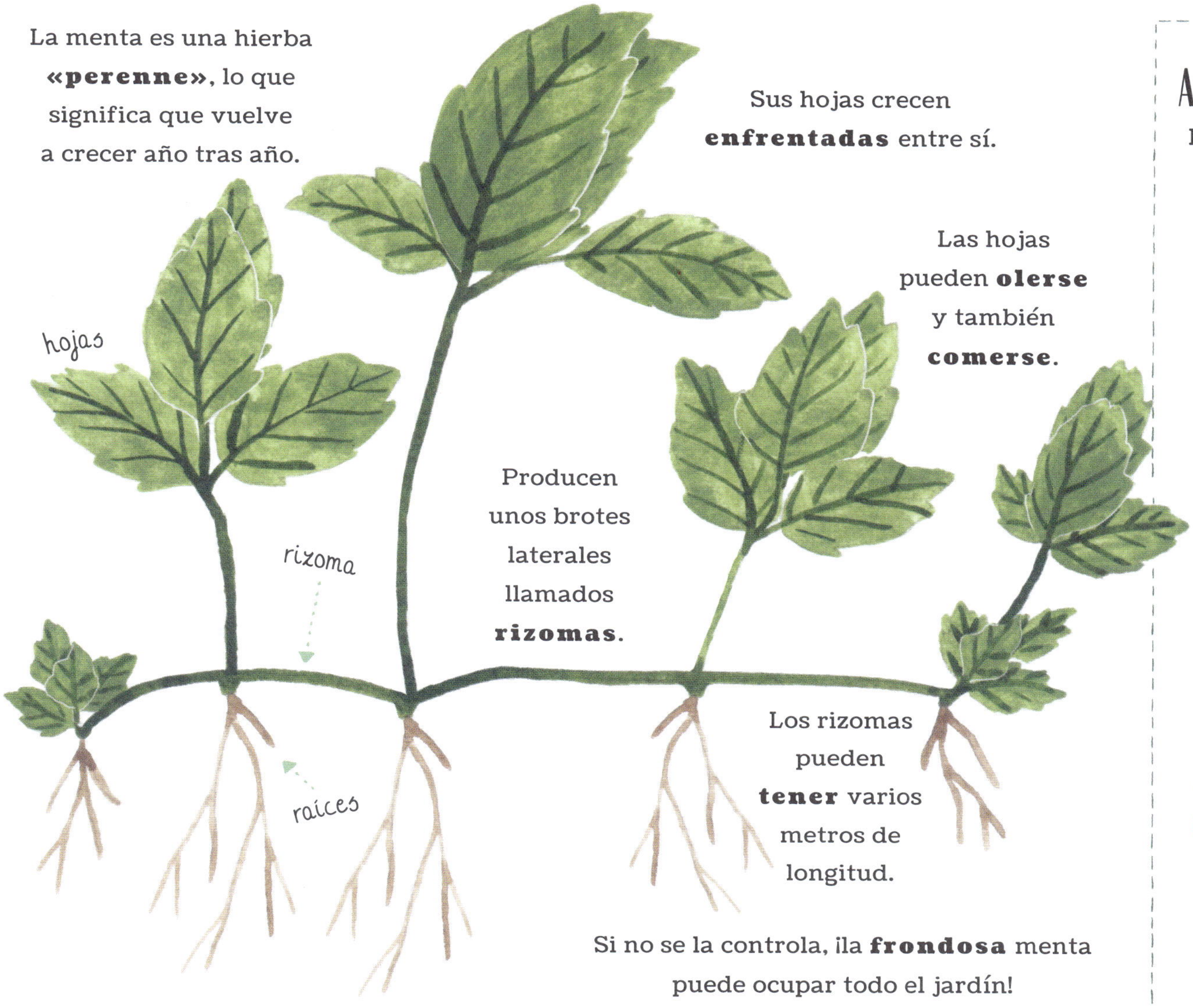

hojas

rizoma

Producen unos brotes laterales llamados **rizomas**.

raíces

Los rizomas pueden **tener** varios metros de longitud.

Si no se la controla, ¡la **frondosa** menta puede ocupar todo el jardín!

ACEITE ESENCIAL

La menta se utiliza a menudo convertida en aceite esencial.

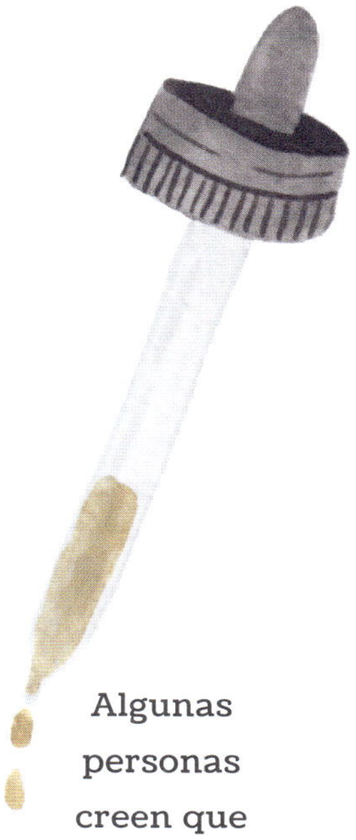

Algunas personas creen que ayuda a aliviar el dolor muscular.

BUEN SABOR

La hierbabuena y la menta piperita son dos clases de menta. Como heroínas del aroma y los remedios, ambas se usan a menudo para mejorar el mal sabor de algunas medicinas.

La hierbabuena se usa en ensaladas y como chicle.

Tiene un sabor suave porque contiene menos de un 1% de mentol.

Con la menta piperita se pueden hacer infusiones y dulces.

Tiene cerca de un 40% de mentol y un sabor mucho más intenso.

CONOCE LA FAMILIA

La menta pertenece a la familia de las LAMIÁCEAS, que incluye hierbas que tal vez conozcas, como la albahaca y el romero, y flores como la lavanda y la salvia.

SALVIA
Un género conocido por sus bellas **flores** y sus hojas aromáticas.

HOJAS AROMÁTICAS

Las plantas de esta familia se caracterizan por tener unas hojas muy aromáticas. Si palpas con cuidado los tallos, verás que son cuadrados, con cuatro lados bien definidos.

Ocimum basilicum

ALBAHACA
Una hierba aromática muy utilizada en la **cocina italiana**.

SALVIA
Tiene un aroma **almizclado** y se usa en embutidos.

LAVANDA
Tiene un exquisito **aroma** usado en jabones y perfumes.

ROMERO
Sus hojas espinosas aportan gran **sabor** a las patatas asadas.

BREVE HISTORIA DE LA MENTA

La menta crece en todo el mundo y fue especialmente importante en las antiguas culturas **europeas** y **árabes**.

Los **antiguos griegos** se frotaban los brazos con hojas de menta para perfumarse.

Si **hierves agua** para hacerla potable, añade unas hojas de menta para darle buen sabor.

El nombre de la menta proviene de **Minte**, una ninfa de la mitología griega a la que una diosa enfurecida transformó en planta.

Los **romanos** aromatizaban con menta el baño y las comidas.

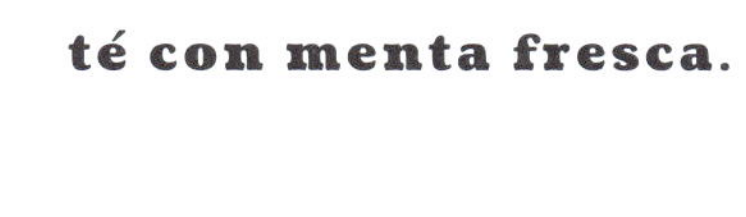

Durante siglos, en el norte de África y Oriente Medio, era tradición ofrecer a los invitados un **té con menta fresca**.

CULTIVA TU PROPIA MENTA →

¡La menta es fácil de cultivar! Si conoces a alguien que ya la cultive, pregúntale si puede darte un esqueje.

- La forma más fácil de cultivar menta es trasplantar una planta joven en una maceta con compost multiusos, asegurarse de que reciba sol y mantenerla húmeda mientras crece. ¡Listo!
- Otra forma de cultivarla es con esquejes. Corta unos 10 centímetros de un tallo sano, retira las hojas inferiores y ponlo en un frasco con agua. Cuando aparezcan nuevas raíces en la base, ¡ya tienes otra planta para plantar en una maceta con compost!
- Cuando la planta crezca y le salgan hojas nuevas, arranca la parte superior y úsala. De este modo le crecerán nuevas hojas jóvenes y será una planta muy frondosa.

LECHUGA
la HEROÍNA DE
LA VARIEDAD y la
VERSATILIDAD
Existe una gran
variedad de
lechugas que
puedes cultivar.
La mayoría se eligen por sus sabrosas
hojas, pero algunas también tienen
unos tallos comestibles.

LECHUGA
LACTUCA SATIVA

Como heroína de la variedad, de lechugas hay de muchos tipos: romana (o de hoja suelta), Bibb (de textura aterciopelada), lechuga espárrago (o celtuce) e iceberg (con forma de bola).

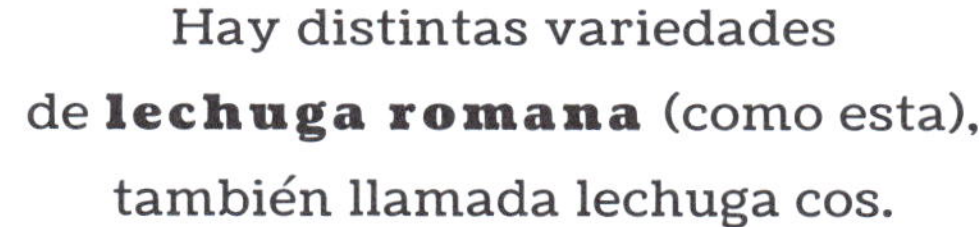

Hay distintas variedades de **lechuga romana** (como esta), también llamada lechuga cos.

Es muy adaptable y puede crecer en **climas más calurosos** que otras lechugas.

hojas

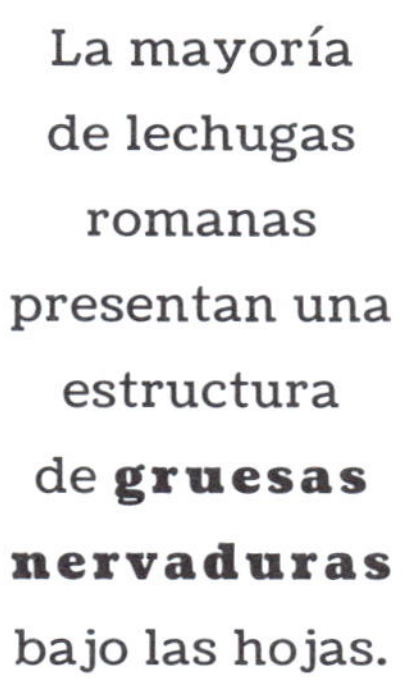

La mayoría de lechugas romanas presentan una estructura de **gruesas nervaduras** bajo las hojas.

La nervadura de la hoja ayuda a que esta crezca **erguida**.

nervadura

tallo

raíces

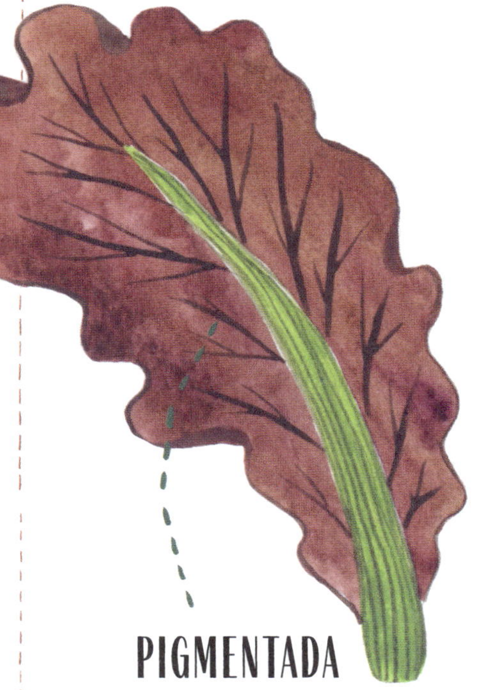

PIGMENTADA

Algunas variedades de romana, como la Dazzle, producen pigmentos que les dan un tono rojizo o púrpura.

Otras variedades de romana, como la Tintín, tienen curiosas formas **foliares** con bordes ondulados.

FUERA DE LA TIERRA

Gracias a su adaptabilidad, la lechuga fue el primer vegetal que creció en el espacio, lo cual permite que los astronautas puedan disfrutar de un alimento fresco rico en vitaminas y minerales.

A la lechuga romana también se le llama Cos por la isla griega de Kos, cuyo nombre en árabe, ***khus***, significa «lechuga».

CONOCE LA FAMILIA

Las lechugas pertenecen a la familia de las ASTERÁCEAS. La mayoría son plantas con flores, como las margaritas, los crisantemos y los girasoles, pero también hay plantas herbáceas, como las alcachofas.

ALCACHOFA

El **capullo sin abrir** de la majestuosa planta Cynara es comestible.

CRISANTEMO

Una flor decorativa que una vez cortada **dura mucho**.

DIENTE DE LEÓN

Forma semillas que el **viento** dispersa. Sus hojas, al igual que las de la lechuga, son **comestibles**.

GIRASOL

Gira la cabeza siguiendo al **sol**. Produce cientos de **semillas** comestibles.

Helianto

MARGARITA

Es una **flor compuesta**, lo que significa que una sola cabeza está formada por múltiples flores agrupadas.

CULTIVA TU PROPIA LECHUGA →

Cultivar lechuga no es difícil; la clave está en mantenerla fresca.

- Si sufre un exceso de calor, se espiga: empieza a florecer y a producir semillas, y sus hojas adquieren un sabor amargo.
- Siembra las semillas en la tierra o en una maceta a principios de la primavera y mantenlas húmedas hasta que empiecen a crecer.
- Si las plantas jóvenes crecen muy juntas, arranca algunas con cuidado para que las otras se desarrollen hasta formar cogollos. Puedes comer las tiernas plántulas cortadas mientras esperas a que las demás se conviertan en cogollos con hojas.
- Puedes plantar diferentes variedades en distintas épocas del año, así tendrás lechugas casi siempre.

BREVE HISTORIA DE LA LECHUGA

Los **antiguos egipcios** fueron los primeros en cultivar lechugas. Utilizaban sus semillas para hacer aceite.

También se empleó en la antigua Grecia para usos **medicinales**.

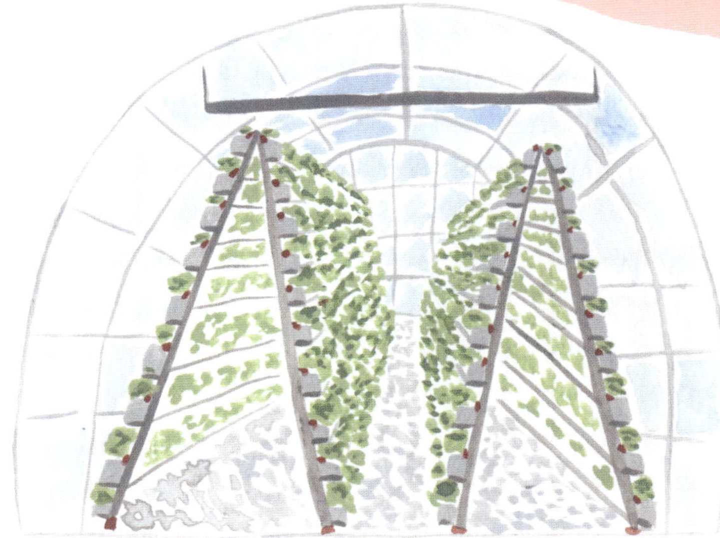

La lechuga era **difícil de transportar** y solo se podía consumir durante su temporada de cultivo en cada zona. Gracias a la tecnología y al cultivo modernos, hoy la lechuga es más duradera y transportable. Además, se utiliza la hidroponía (cultivo de plantas en agua rica en nutrientes) para producirla todo el año. ¡Algunas granjas tienen que apilar las lechugas para que ocupen menos espacio!

A los **romanos** les encantaba comer hojas de lechuga: de ahí el nombre de esa variedad.

La palabra «lechuga» proviene del nombre romano de la planta: ***lactuca***.

En latín, *lactuca* significa **«leche»**, y se refiere a la savia blanca que puede aparecer al cortar la lechuga.

Después, la lechuga se expandió hacia el este, a Asia, donde preferían comer los tallos a las hojas. Esto llevó al desarrollo de nuevas variedades, como la **celtuce**.

Comenzaron a surgir nuevas variedades de lechuga y, en el siglo XV, esta planta de hoja se introdujo en **América**.

HONGOS

los HÉROES DE LA COMUNICACIÓN y la COMUNIDAD

¿Por qué el hongo tiene tantas amistades?

Porque los amigos le crecen como setas.

Bromas aparte, el hongo es uno de los organismos que más interactúan con otros seres vivos.

CHAMPIÑÓN COMÚN
AGARICUS BISPORUS

A través del micelio o talo, formado por unos filamentos ramificados dentro de la tierra rica en materias orgánicas, los hongos van construyendo una comunidad y ayudan a otros organismos a absorber agua y nutrientes.

El champiñón tiene una parte superior redondeada llamada **sombrero**, y un tallo o **pie** en la inferior.

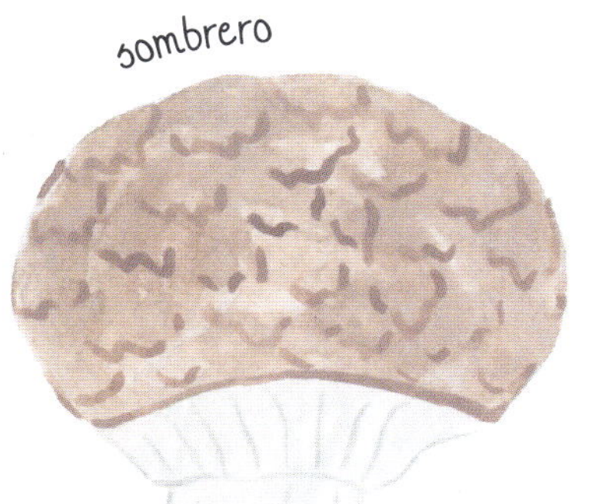

Este hongo se conoce como **cuerpo fructífero**.

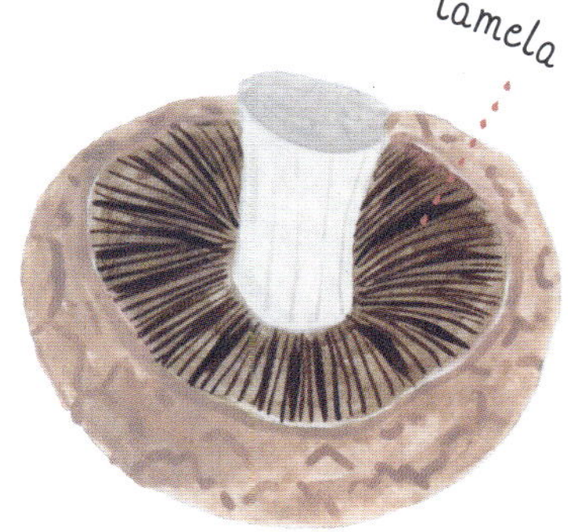

Debajo del sombrero se encuentran las nervaduras papiráceas del hongo, llamadas **lamelas**.

HACIENDO AMIGOS

Todos los champiñones son hongos, y muchos son hongos micorrícicos, que viven en las raíces de otra planta o cerca de ellas y extraen agua y nutrientes de la tierra para ofrecérselos a la planta. A cambio, esta proporciona a los hongos importantes moléculas orgánicas, como azúcares.

El hongo emerge del suelo y comienza a **fructificar**.

cuerpo fructífero

micelio

Al fructificar, libera **esporas** que flotan en el aire...

... antes de arraigar en tierra nueva.

Las esporas **germinan**, se convierten en nuevos hongos y forman una red de micelios.

CONOCE LA FAMILIA

Los champiñones pertenecen al vasto reino de los HONGOS, formado por distintas variedades. Algunos hongos pueden salvar vidas, pero otros son venenosos y mortales, así que ten cuidado al tocarlos.

CHAMPIÑÓN COMÚN

Hongo comestible de uso frecuente.

Agaricus bisporus

Tienen diferentes nombres según su **edad**. Los más jóvenes son champiñones, los que ya se han vuelto marrones, cremini, y los que están completamente desarrollados son portobello.

TRUFA NEGRA

Crece **bajo tierra**, cerca de las raíces de los árboles.

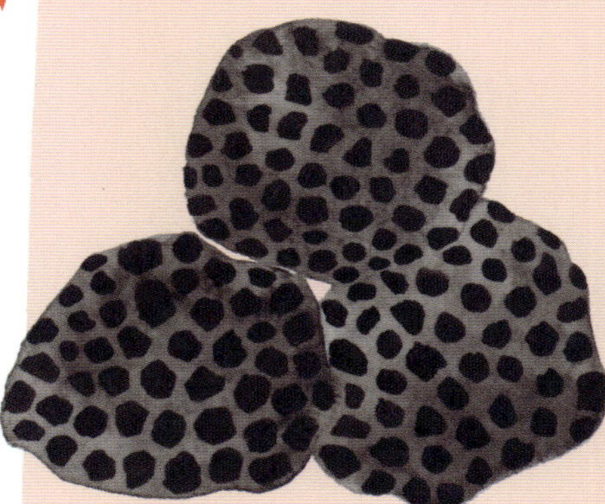

Tuber melanosporum

Considerado una ***delicatessen*** poco común, su compra puede costar miles de euros.

Amanita muscaria

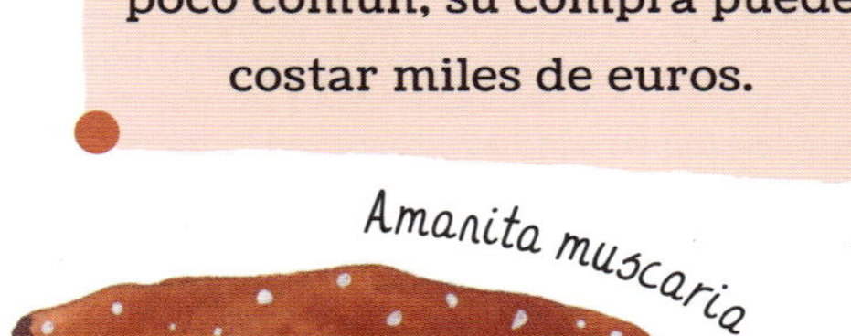

FALSA ORONJA

Una especie de hongo extremadamente **venenosa**.

EL REINO DE LOS HONGOS

Los hongos forman su propio reino y no son plantas: no toman energía de la luz, sino que absorben nutrientes de su entorno.

KŌJI

Un hongo muy apreciado en Japón, donde se utiliza para elaborar sake, **salsa de soja** y miso.

Aspergillus oryzae

PENICILLIUM

Un hongo asombroso. Algunos penicillium se utilizan en **antibióticos** que salvan vidas, mientras que otros se usan para hacer **queso**.

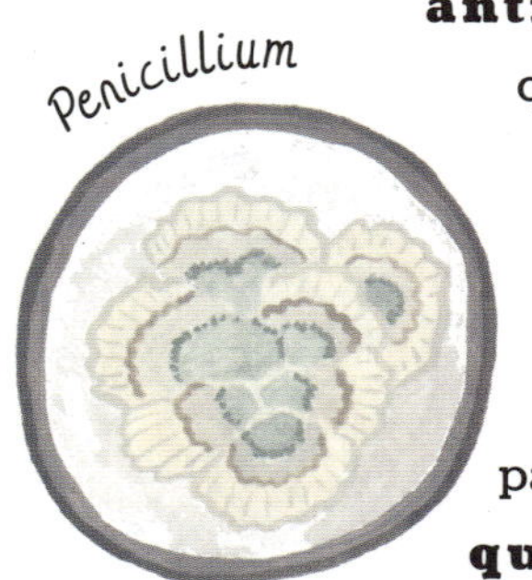

Penicillium

CULTIVA TUS PROPIOS HONGOS →

En lugar de semillas, los hongos se desarrollan a partir de diminutas esporas y tienen una forma única de crecer.

- En la naturaleza, los hongos esparcen sus esporas y buscan un huésped. Pueden crecer casi en cualquier lugar en el suelo, en un tronco caído o en lo alto de un árbol.
- Para cultivar hongos comestibles en casa, encontrarás kits que imitan el proceso de la naturaleza e incluyen un huésped (como un bloque de serrín) al que agregan unas esporas con el micelio.
- Sigue las instrucciones del kit, que consisten básicamente en tratar el hongo como si fuera una planta y proporcionarle aire y agua de forma regular.
- Dependiendo del tipo de hongo que intentes cultivar, la luz puede ser o no necesaria. Es divertido verlos crecer (¡y pueden hacerlo bastante rápido!)... ¡y luego comértelos!

BREVE HISTORIA DE LOS HONGOS

A lo largo de la historia, los hongos han estado rodeados de cierto **misterio**. Son deliciosos, pero a veces mortales.

Siempre parece que crezcan de la noche a la mañana. Muchas culturas crearon **leyendas** para tratar de explicarlo.

El hongo más codiciado también es uno de los más raros: la **trufa**, que crece bajo tierra, junto a las raíces de los árboles. Hay cerdos entrenados para encontrarlas.

Muchos idiomas europeos se refieren a los hongos que crecen en círculo como **anillos de hadas**.

Hacia 1650, en Francia los agricultores comenzaron a cultivar hongos en montones de **estiércol de caballo**.

Se cree que en Asia los hongos se cultivan desde hace más de mil años. Hoy en día, más de las tres cuartas partes de los hongos del mundo se consumen en **China**.

Estas son algunas variedades de hongos que puedes cultivar en casa.

NARCISOS

los HÉROES DE LA RENOVACIÓN y la REGENERACIÓN

Los narcisos son una señal inequívoca de la llegada de la primavera.

Tras un largo y frío invierno, el narciso se renueva...

A medida que el clima se vuelve más cálido y los días se alargan, ¡unas caritas alegres anuncian con trompetitas la nueva temporada!

NARCISO
NARCISSUS HYBRIDS

Año tras año, el narciso soporta el frío invierno bajo tierra antes de reaparecer en primavera y colorear los jardines con sus alegres flores.

COMBATIR EL CÁNCER

Los científicos están investigando si un compuesto extraído de los bulbos de narciso podría utilizarse para tratar diferentes tipos de cáncer.

Los narcisos, cuyo cultivo es muy fácil, son plantas **perennes** que vuelven a florecer año tras año.

Florecen en **primavera**.

Los bulbos se plantan en **otoño**...

Echan raíces durante el **invierno**...

El bulbo almacena la **energía** del narciso durante el invierno y alimenta su crecimiento en primavera.

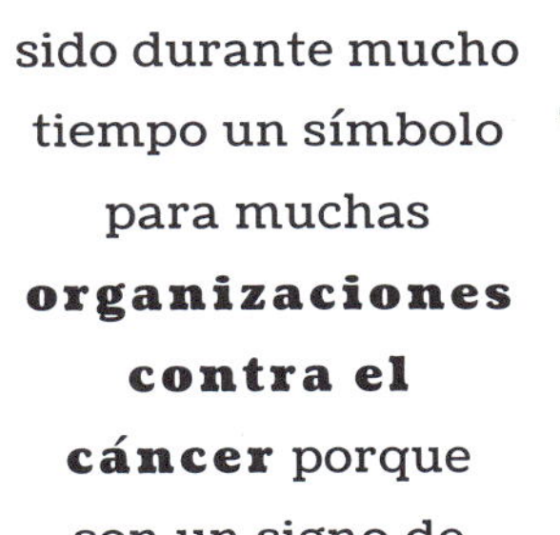

Los narcisos han sido durante mucho tiempo un símbolo para muchas **organizaciones contra el cáncer** porque son un signo de esperanza.

MITO ANTIGUO

En la mitología griega, Narciso era un vanidoso joven enamorado de su propio reflejo en un estanque. No podía dejar de mirarse, y al final se hundió en el agua. La flor creció donde él se había ahogado.

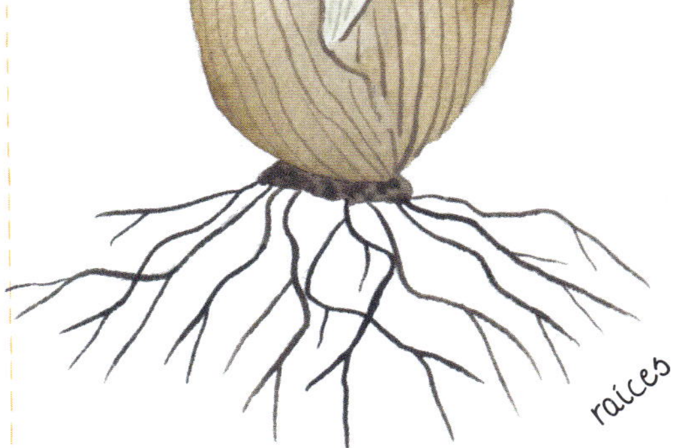

CONOCE LA FAMILIA

CAMPANILLA DE INVIERNO

Florece año tras año al **principio de la primavera.**

Galanthus

Las AMARILIDÁCEAS son una familia de hermosa floración. Muchos de sus miembros crecen a partir de estructuras subterráneas de almacenamiento conocidas como bulbos, o de un tallo hinchado llamado rizoma. Esto les permite regenerarse cada año.

CEBOLLA

Las cebollas tienen **bulbos comestibles,** pero florecen al crecer.

HOJAS LARGAS

La mayoría de las flores de esta familia tienen de tres a seis pétalos y largas hojas estriadas.

Hippeastrum

AJO

También tiene un bulbo comestible que se utiliza como **ingrediente culinario** en todo el mundo.

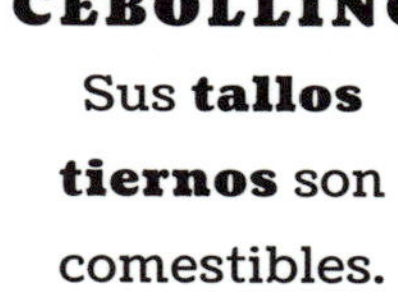

CEBOLLINO

Sus **tallos tiernos** son comestibles.

Allium schoenoprasum

HIPPEASTRUM

Colorido, con pétalos grandes, a menudo **cultivado en interior** y obligado a florecer por Navidad.

BREVE HISTORIA DE LOS NARCISOS

El antiguo botánico y filósofo griego **Teofrasto** fue el primero en describir los narcisos que había visto crecer en estado silvestre.

Los narcisos se hicieron populares como plantas de jardín en toda Europa y aparecían en pinturas y poesías.

Se asociaron a la Pascua, cuando los cristianos celebran la **resurrección** de Jesús.

Una especie de narciso, *N. tazetta chinensis*, llegó a Asia antes de la dinastía Song, hace más de mil años, y hoy sigue siendo un símbolo de **buena suerte** en la cultura china, ya que florece durante el Año Nuevo Lunar.

En los siglos XVIII y XIX, los **holandeses** lideraron la clasificación y el cultivo de narcisos. Los bulbos se transportaron a Inglaterra y Norteamérica, y hoy todavía existen descendientes de esos narcisos en antiguas granjas de la costa este y en el sudeste de Estados Unidos.

CULTIVA TUS PROPIOS NARCISOS →

Hay una forma divertida de cultivar narcisos en interiores para que florezcan antes de la temporada.

- El *Narcissus tazetta*, de agradable fragancia y también conocido como narciso papelillo, puede florecer desde diciembre.
- Busca un recipiente poco hondo para el agua y llena el fondo con una capa de 2 a 3 centímetros de piedras pequeñas. Coloca encima los bulbos con la punta hacia arriba y añade más piedras entre ellos.
- Consigue ramas de 40 a 50 centímetros de largo y colócalas de pie entre los bulbos y las piedras. Agrega agua hasta cubrir la base de los bulbos y deja el recipiente en un lugar fresco y oscuro dos o tres semanas para que enraícen.
- Luego, pon el recipiente en un alféizar luminoso y sigue añadiendo agua. Ahora disfrutarás viendo crecer y florecer las plantas mientras las ramas mantienen las flores erguidas.

PIÑAS
las HEROÍNAS
DEL SABOR
y la AMISTAD
Las bromelias ayudan
a los animales allá
donde crecen...
... les dan un lugar para descansar,
comer, beber e incluso vivir.

PIÑA

ANANAS COMOSUS

La piña es la especie más conocida de la familia de las bromelias. Tiene la apariencia típica de las bromelias, con sus hojas duras y puntiagudas, pero esto no le impide hacerse amiga de muchos animales diferentes... ¡y también alimentarlos!

Los murciélagos y los **colibríes** polinizan la piña y se alimentan de su néctar.

Después de varios meses, las flores se convierten en bayas que se fusionan para formar una piña. Una fruta formada de este modo se conoce como **fruto múltiple**.

LA JOYA DE LA CORONA

La parte superior de la piña se llama **corona**.

Las piñas producen pequeñas **flores** que van apareciendo una a una.

La piña está repleta de **antioxidantes** que combaten enfermedades y fortalecen el sistema inmunitario.

NOMBRES DISTINTOS

En España, esta planta se conoce como *piña*, ya que su fruto se parece al del pino. En cambio, en otros países se utiliza su nombre botánico, *ananás*, una palabra guaraní que significa «fruta excelente».

CONOCE LA FAMILIA

Las BROMELIACEAE (o bromelias), parientes de la piña, provienen sobre todo de regiones tropicales y subtropicales, incluyendo el sur de Estados Unidos y toda América Central y del Sur. Existen más de 3500 especies diferentes.

CLAVEL DEL AIRE

Estas plantas aéreas pueden sobrevivir en condiciones áridas, y eso las convierte en excelentes **plantas de interior**. ¡Solo vigila que las mascotas no intenten comerse sus hojas!

Tillandsia stricta

PLANTAS AÉREAS

Muchas bromelias son epífitas o plantas aéreas: se han adaptado para crecer sin tierra. Viven en árboles o rocas y absorben agua y nutrientes a través de los tricomas, unas estructuras situadas en las hojas.

NEOREGELIA

Puede retener agua en sus hojas inferiores superpuestas. Algunas **ranas venenosas** crían sus renacuajos en el cáliz central...

Neoregelia chlorosticta

y sus desechos aportan **nutrientes** a la planta.

Tillandsia usneoides

MUSGO ESPAÑOL

La más pequeña de las bromelias también es una planta aérea (no es musgo). Algunas aves como las reinitas **anidan** en sus largas hojas.

BREVE HISTORIA DE LAS PIÑAS

La piña es originaria de la zona que rodea los **ríos Paraná** y **Paraguay** en Brasil, Paraguay y Argentina.

Más tarde, los pueblos indígenas cultivaron la piña en Centroamérica, México y el Caribe.

En la década de 1550, los colonizadores portugueses la trajeron de **Brasil** y la introdujeron en la **India**.

Mientras tanto, en el siglo XVI, los colonizadores españoles llevaron la piña a **Filipinas** y más tarde, en el siglo XIX, la introdujeron en **Hawái**.

En el siglo XVIII se convirtió en una **fruta de moda** entre la aristocracia europea, que la cultivaba en invernaderos a un alto precio.

Hoy en día, la piña se **cultiva** en todo el mundo. Entre los principales productores se encuentran Costa Rica, Filipinas, Brasil e Indonesia.

CULTIVA TU PROPIA PIÑA →

Cultivar piñas en el exterior puede ser difícil, ya que están acostumbradas al clima tropical. En cambio, es sencillo hacerlo en espacios interiores.

- Para crear una nueva planta, solo tienes que arrancar unas hojas de la parte superior verde de la piña, llamada corona.
- Pela algunas hojas inferiores, una a una, hasta que queden expuestos unos 5 centímetros de la base. Verás unos pequeños bultos marrones de los que crecerán nuevas plantas jóvenes, conocidas como hijuelos...
- Pero primero, hay que dejar secar la corona al sol durante un par de días.
- Luego, sumérgela en un frasco con agua tibia. Cambia el agua cada dos días.
- Deja que la piña eche raíces durante tres o cuatro semanas, luego ponla en una maceta grande y en un lugar soleado. Al cabo de dos meses, empezarán a crecer hojas nuevas en la corona.

TOMATES

los HÉROES DE LA PRODUCTIVIDAD y la POLINIZACIÓN

¿Qué podría
ser más gustoso
que coger
un tomate de
la rama
y disfrutar de
su dulce sabor?

Pero, para producir un tomate,
la planta debe ser polinizada primero.

TOMATE
SOLANUM LYCOPERSICUM

Muchas plantas se reproducen a través de las semillas, pero antes necesitan ser polinizadas. Algunas, como los tomates, pueden autopolinizarse y después una sola planta puede dar varios kilos de tomates.

Normalmente, los **polinizadores** (como las abejas) ayudan en el proceso de polinización transfiriendo polen de una planta a otra.

Pero con un poco de ayuda de las **abejas**, las tomateras pueden autopolinizarse.

flor

La flor de tomate tiene una parte **masculina** y otra **femenina**.

Cuando llega, la abeja desprende el polen del **estambre** (la parte masculina de la flor).

estigma

estambre

ovario

El polen cae sobre el **estigma** (la punta de la parte femenina) y desciende hasta el **ovario** (la base de la parte femenina), donde se produce la fecundación.

Una vez polinizada, la planta puede dar **frutos**.

¡VAYA BAYA!

Según los botánicos, el tomate es una baya, pues el fruto, compuesto por semillas y pulpa, se forma a partir del ovario de una sola flor.

CON VIENTO FRESCO

Los tomates se cultivan en invernaderos durante todo el año. Como las plantas han de ser polinizadas antes de dar fruto, en el caso de las que se cultivan en interiores esto debe hacerse artificialmente con un ventilador y un dispositivo vibrador que transfiere el polen.

CONOCE LA FAMILIA

Los tomates pertenecen a la familia de las SOLANÁCEAS, especialmente extendida en América Central y del Sur.

PARIENTES PELIGROSOS

Solo una pequeña parte son frutas y verduras comunes y comestibles, pero muchos parientes son venenosos e incluso mortales.

PIMIENTOS

Las variedades de pimiento incluyen pimientos morrones **dulces** y chiles **picantes**.

Capsicum annuum

Capsicum frutescens Piri-piri

BERENJENA

Tiene un fruto comestible, morado y **esponjoso**.

Solanum melongena

PATATAS

Florecen en el suelo de forma similar a la tomatera...

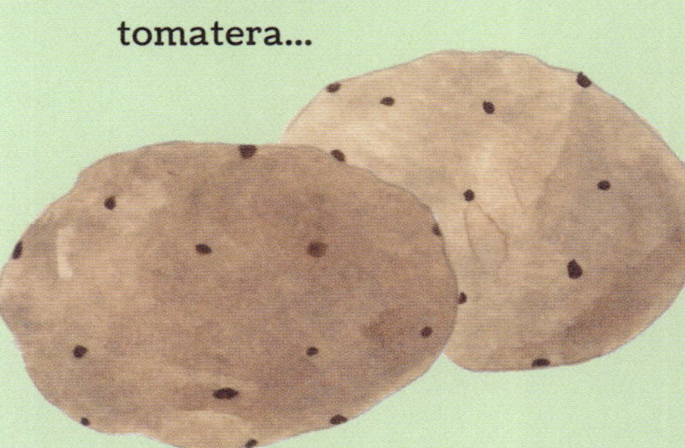

Solanum tuberosum

... pero bajo tierra produce **tubérculos comestibles**.

BELLADONA

Una planta altamente **tóxica** utilizada en venenos.

Atropa belladonna

CULTIVA TUS PROPIOS TOMATES →

Los tomates cherri son de los más fáciles de cultivar: puedes hacerlo en un recipiente grande.

- En interiores siembra las semillas en pequeñas macetas con compost. Colócalas en un alféizar luminoso y riega.
- Espera a que se formen dos hojas completas y comprueba que el clima sea lo suficientemente templado antes de plantar las plántulas en el exterior; son muy sensibles al frío.
- Las plantas jóvenes necesitan mucho sol y una estructura fuerte a la que sujetarse para crecer. Retira los brotes laterales que aparecen entre una hoja y el tallo principal a medida que crece.
- Riega con fertilizante para tomates cada pocas semanas; con mucho sol, tendrás plantas robustas en seis semanas.
- Retira algunas de las hojas inferiores más viejas cuando veas que las flores empiezan a formar racimos de bayas. Esto estimulará la maduración de los frutos.

BREVE HISTORIA DEL TOMATE

Se cree que el tomate se encontró por primera vez en Sudamérica, antes de cultivarse en toda Mesoamérica. La palabra «tomate» proviene del término **náhuatl** *tomatl.*

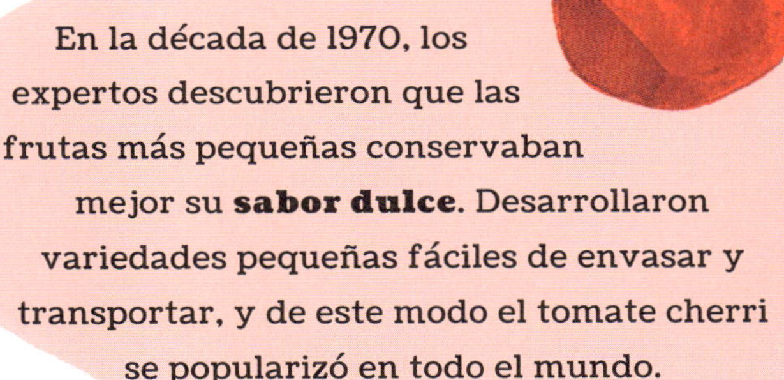

En la década de 1970, los expertos descubrieron que las frutas más pequeñas conservaban mejor su **sabor dulce**. Desarrollaron variedades pequeñas fáciles de envasar y transportar, y de este modo el tomate cherri se popularizó en todo el mundo.

Cuando el tomate llegó a Europa generaba desconfianza por pertenecer a una familia mayoritariamente venenosa. En muchos lugares, al principio se cultivó como planta ornamental.

La popularización de los tomates en Estados Unidos se atribuye al presidente **Thomas Jefferson**, que los cultivaba en Monticello.

A veces, la acidez del tomate, al entrar en contacto con el **plomo** de los platos que se usaban en aquella época, intoxicaba a los comensales. Esto aumentó la fama de venenoso que tenía el fruto.

Poco a poco, el tomate se ganó la confianza de los europeos y prosperó en el templado clima **mediterráneo**.

Variedades de tomate que puedes intentar cultivar en casa.

HEIRLOOM

Variedades ancestrales, sabrosas y tradicionales, que se presentan en una gran variedad de colores, formas y tamaños.

TOMATE PERA

Una clase de tomate con pocas semillas, ideal para salsas.

CHERRI AMARILLO

Carece del gen dominante responsable del color rojo del tomate.

CHERRI NEGRO

Añade sabor y un toque especial a las ensaladas.

CORAZÓN DE BUEY

Se le llama así por su fruto grueso y carnoso.

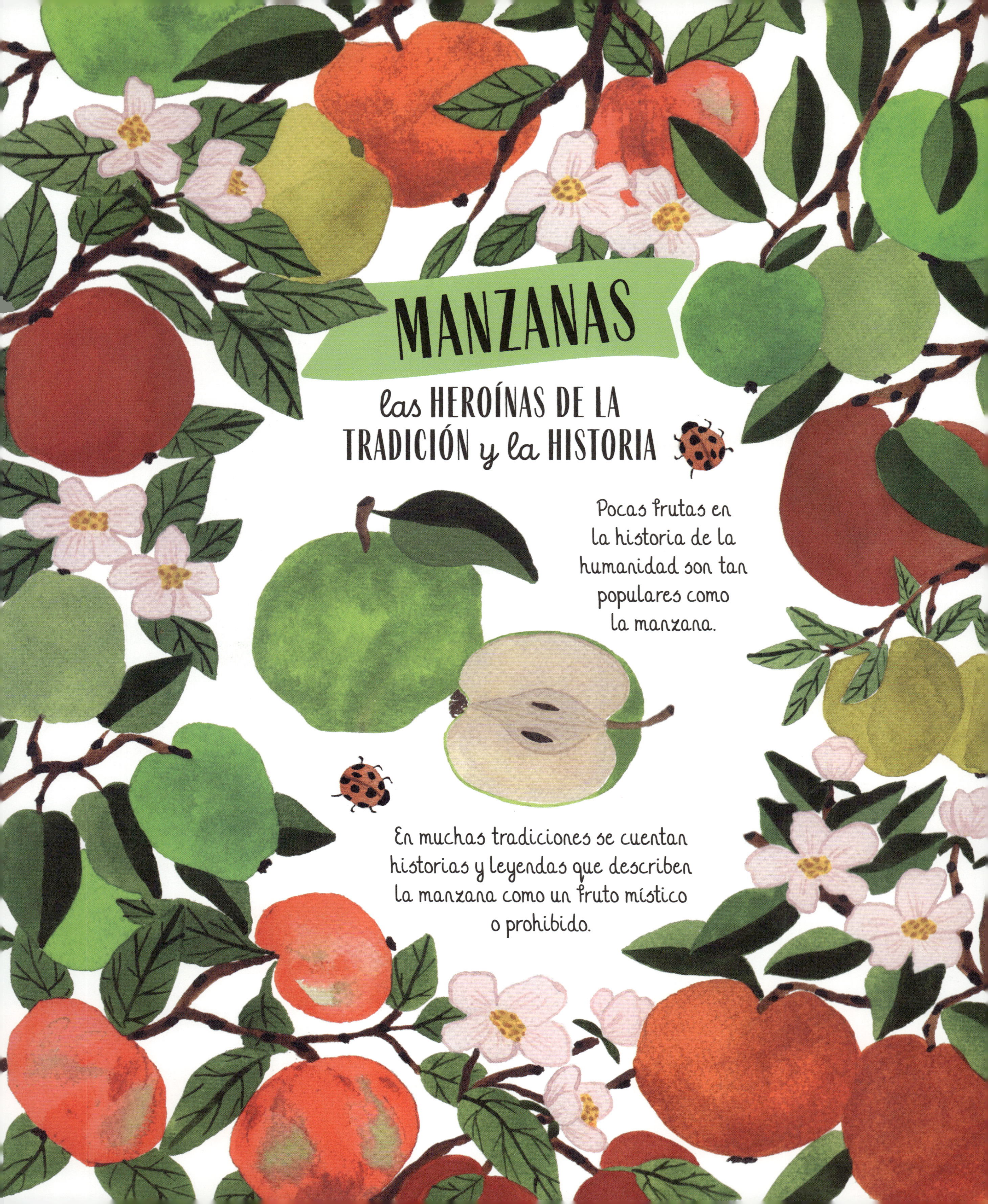

MANZANAS

las HEROÍNAS DE LA TRADICIÓN y la HISTORIA

Pocas frutas en la historia de la humanidad son tan populares como la manzana.

En muchas tradiciones se cuentan historias y leyendas que describen la manzana como un fruto místico o prohibido.

MANZANO
MALUS DOMESTICA

La tradición y la manzana van de la mano. Desde Los cuentos de hadas de los hermanos Grimm hasta Las mil y una noches, la manzana ha formado parte del folclore y se ha considerado un símbolo de misterio e incluso de peligro.

La historia de la humanidad está ligada a las pródigas ramas del manzano desde la **Antigüedad**.

Hoy en día, se cultivan miles de **variedades** de manzana.

Muchos tipos de manzana surgieron por **mutación natural**...

rama

De la rama de un árbol puede surgir una fruta con un aspecto y un sabor completamente **diferentes**.

El **ciclo de vida** de un manzano:

pimpollo

árbol

Brote

flor

fruto

semillas

El manzano es **caducifolio**: florece en primavera, fructifica en verano y pierde sus hojas en otoño.

INJERTO

Las manzanas cultivadas a partir de semillas no suelen coincidir con la progenitora. Para asegurarte de obtener una variedad concreta de manzana, debes cultivarla mediante esquejes o injertos. Es un método antiguo, mediante el cual se une cuidadosamente un esqueje que produce el fruto que deseas cultivar a otro manzano con un buen sistema radicular. El esqueje desarrollará ramas que producen exactamente las manzanas que quieres obtener.

TENTACIÓN PELIGROSA

En la mitología griega, Eris, diosa de los conflictos, siembra el caos con la «manzana de la discordia». Los hermanos Grimm retrataron a Blancanieves comiendo una manzana envenenada... Está muy extendida la representación de la «fruta prohibida» de la historia bíblica de Adán y Eva como una manzana... Un terrible legado para la pobre fruta.

CONOCE LA FAMILIA

La manzana pertenece a la familia de las ROSÁCEAS, que incluye hierbas, arbustos y otros árboles frutales, como el albaricoquero, el ciruelo, el peral y el almendro.

ECHA CUENTAS

¿Cómo reconocer una rosa silvestre? ¡Contando! Todas tienen cinco sépalos y cinco pétalos, y muchas tienen estambres en espiral en el centro.

FRESA

Roja y con forma de corazón, la fresa era el símbolo de **Venus**, la diosa del amor.

ROSA SILVESTRE

Crece de forma natural en los bosques de Norteamérica: la provincia de Alberta, en Canadá, es llamada la «Tierra de las Rosas Silvestres».

Prunus serotina

CEREZA NEGRA

Tiene frutos comestibles que se pueden ingerir crudos o usar en mermeladas, jaleas, tartas o siropes.

CULTIVA TU PROPIO MANZANO A PARTIR DE SEMILLAS →

Si quieres cultivar tu propio manzano a partir de una semilla, recuerda que no obtendrás exactamente el mismo tipo de manzana del que proviene la semilla.

- Recolecta las semillas marrones del interior de varios corazones de manzana. Selecciona las más grandes que encuentres y echa unas cuantas en un vaso con agua.
- Desecha las semillas que floten. Solo pueden crecer las que se hunden.
- Recoge las semillas, envuélvelas en una servilleta de papel húmeda e introdúcelas en una bolsa de plástico.

BREVE HISTORIA DE LAS MANZANAS

Las manzanas que comemos hoy se originaron a partir de **especies silvestres** que crecían en Asia Central, donde se cruzaban de forma natural.

Las manzanas crecieron y se cruzaron a medida que los comerciantes plantaban los corazones de manzana a lo largo de la **Ruta de la Seda**, una red de rutas comerciales que conectaban China y Europa.

En el siglo XVII, los colonos llevaron semillas de manzana a América del Norte y comenzaron a plantar **huertos**.

En América ya había manzanos nativos, pero producían unos frutos más pequeños llamados **manzanas silvestres**.

Originalmente, las manzanas se cultivaban en las colonias de Nueva Inglaterra no para comer, sino para prensarlas y hacer **sidra**.

En la década de 1870, un agricultor de Iowa descubrió lo que se llama una plántula casual. Esta fue la variedad **Red Delicious**, que llegó a dominar el mercado.

Más tarde, en Fujisaki, Japón, la Red Delicious se cruzó con otra variedad antigua para crear la popular manzana **Fuji**.

- Guarda la bolsa en el refrigerador unos tres meses. Las semillas de manzana necesitan este periodo de frío para recrear la estación invernal.
- Después del periodo de frío, planta las semillas en macetas a un centímetro de profundidad aproximadamente.
- Dales sol y agua. Al cabo de unas semanas empezarán a crecer.
- A comienzos de la primavera, planta tu retoño al aire libre, en la tierra o en un recipiente más grande. Sujétalo con una estaca y, si hay animales cerca, protégelo con una malla para árboles. Riégalo una vez por semana hasta que se vea firme.
- Con cuidado y paciencia, ¡dentro de unos años tu retoño se convertirá en un manzano!

COL RIZADA

la HEROÍNA DE LAS VITAMINAS y la VITALIDAD

La col rizada está repleta de vitaminas y minerales.

Ya sea cruda o cocida, la col rizada es una buena fuente de vitaminas A, C y K, además de calcio y fibra. ¡Un superalimento!

COL RIZADA
BRASSICA OLERACEA

La col rizada es una brasicácea y contiene tantas vitaminas que se la considera un superalimento. Uno de sus superpoderes consiste en soportar temperaturas bajo cero. De hecho, las heladas pueden endulzar el sabor de algunos tipos de col rizada.

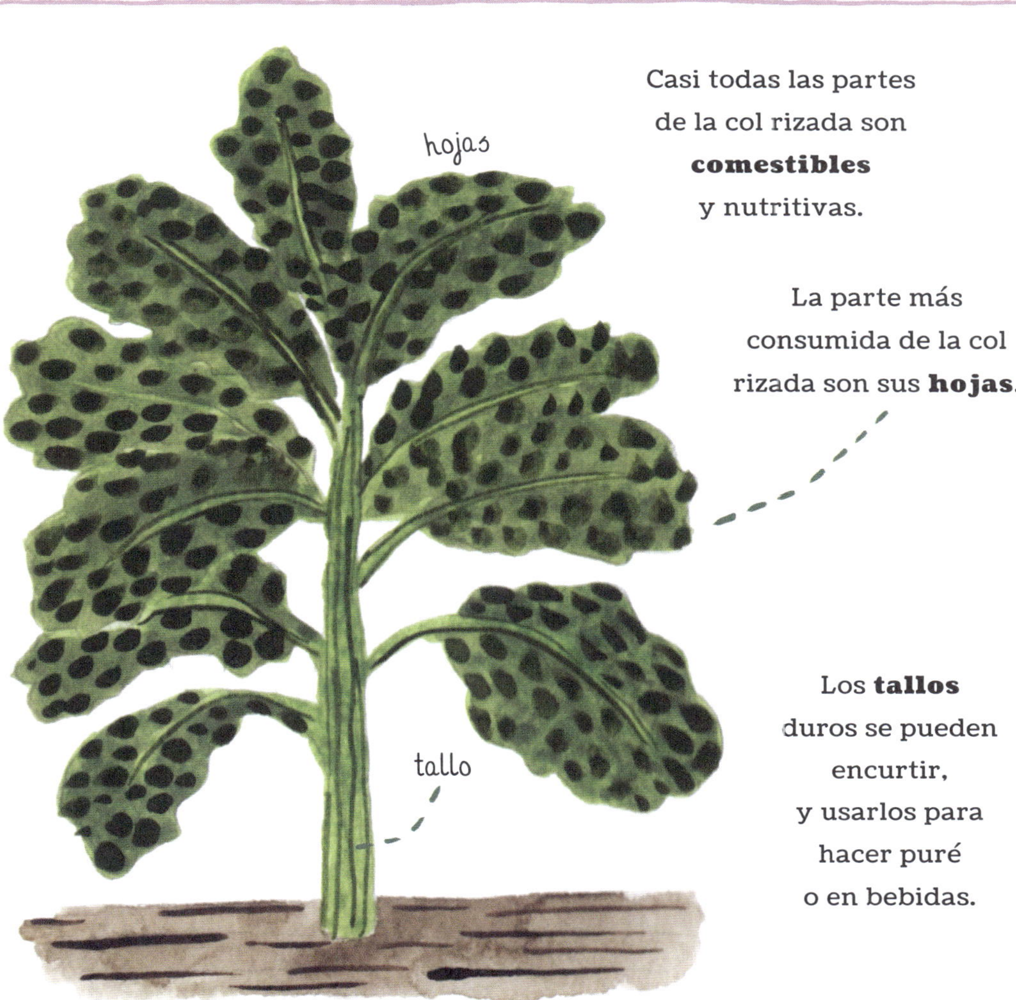

Casi todas las partes de la col rizada son **comestibles** y nutritivas.

La parte más consumida de la col rizada son sus **hojas**.

Los **tallos** duros se pueden encurtir, y usarlos para hacer puré o en bebidas.

ESPIGADO

El espigado es la etapa en la que la planta florece y completa su ciclo de vida. Si se arrancan los brotes antes de que florezcan, se puede estimular el crecimiento de nuevas hojas.

Puedes arrancar los **capullos** e incluso las flores abiertas y comerlas.

Esta verdura tiene muchas formas, tamaños y colores...

BENEFICIOS PARA LA SALUD

La sabrosa col rizada es muy rica en antioxidantes, que protegen las células del cuerpo de enfermedades graves. En Escocia se dice que alguien «está fuera de su col» si está demasiado enfermo para comer.

Col rizada común

Col rizada roja

Col rizada toscana

Col rizada Hungry gap

Col rizada siberiana

CONOCE LA FAMILIA

La col rizada pertenece a la familia de las BRASICÁCEAS, que incluye el brócoli y la coliflor. También pertenecen a ella los rábanos y el rábano picante, así como la mostaza y la colza, que se utiliza para elaborar aceite vegetal.

COLIRRÁBANO

Cubierta con una piel gruesa y cerosa, esta verdura es una excelente fuente de **vitamina C**.

COLIFLOR

Es rica en sulforafano, un **antioxidante** que suprime el cáncer.

BRÓCOLI ROMANESCO

Los floretes puntiagudos de esta planta de aspecto extraordinario están cargados de **vitamina A**.

Brassica oleracea
(Grupo Alboglabra)

KAI-LAN

También conocida como brécol chino, es una excelente fuente de **folatos** y también tiene un alto contenido de **fibra**.

BRASICÁCEAS DIVERSAS

Durante más de 2000 años, una especie particular de brasicácea ha sido cultivada en una amplia variedad de formas. La col, el brócoli, la coliflor, la col rizada, las coles de Bruselas, la col de Saboya y el colinabo, pese a ser muy distintos, provienen de la misma especie vegetal: *Brassica oleracea*.

BREVE HISTORIA DE LA COL RIZADA

En la Antigüedad, la col rizada se consumía en Grecia y Roma. Se hizo popular en las regiones frías del norte y el centro de Europa y en Asia, pues al ser **resistente a las heladas** podía cosecharse en invierno, cuando había pocos alimentos disponibles.

En el siglo XIX, unos **comerciantes rusos de pieles** llevaron por primera vez estas hojas comestibles a Canadá.

Durante gran parte del siglo XX, la col rizada se cultivó en América del Norte como **planta ornamental** por sus coloridas hojas invernales.

En los años 90 se hizo popular en Estados Unidos por ser un **superalimento** lleno de vitaminas y minerales nutritivos.

Durante la **Segunda Guerra Mundial,** cuando los alimentos escaseaban, la col rizada fue un cultivo muy importante en Inglaterra.

CULTIVA TU PROPIA COL RIZADA →

Puedes cultivar col rizada a partir de semillas y empezar a comerla poco después de que haya brotado. Pero si quieres comida abundante, debes tener paciencia...

- En primavera o a principios del verano, esparce semillas de col rizada en una maceta pequeña llena de tierra y cúbrelas con una fina capa de tierra. Riega con moderación y mantenla en el interior, junto a una ventana luminosa, hasta que germinen.
- Cuando broten, verás dos «hojas semilla». Las verdaderas hojas de la col crecerán pronto desde el centro de estas hojas iniciales.
- Puedes comerlas en esta etapa, pero si quieres más hojas y más grandes, hay que dar otro paso: déjalas en el alféizar de la ventana y riégalas hasta que alcancen unos centímetros de altura.
- Cuando las plantas jóvenes estén muy apretadas, sácalas con cuidado y sepáralas en macetas más grandes o plántalas en el jardín. Al cabo de unas semanas, recolecta las hojas más grandes de la parte inferior y deja que las de arriba sigan creciendo.

ZANAHORIAS

las HEROÍNAS DEL COLOR y la COCINA

¿Recuerdas la primera verdura que comiste? ¡Es muy probable que fuera una zanahoria!

Crujiente, dulce y llena de sabor, la zanahoria es un vegetal que gusta mucho y se sirve en todo el mundo.

ZANAHORIA
DAUCUS CAROTA

Las zanahorias son fáciles de cultivar y se pueden almacenar durante largos periodos. Se pueden consumir durante todo el año y transportar fácilmente para disfrutarlas en lugares donde no crecen.

Hace miles de años, cuando los humanos descubrieron la zanahoria, lo primero que utilizaron fueron sus **hojas aromáticas** .

Hoy en día, la parte más consumida de la zanahoria doméstica es la **raíz pivotante**.

A lo largo de dos o tres meses, la raíz pivotante crece hacia abajo y se **ensancha**.

SIEMPRE COLORIDAS

Las hay en todos los tonos. Los pigmentos vegetales llamados antocianinas hacen que las zanahorias sean rojas, moradas o casi negras, mientras que los pigmentos llamados carotenos les dan el color naranja que todos conocemos.

Una zanahoria sin cosechar produce semillas.

Produce flores similares a las de sus parientes **umbelíferas**.

SEIS POSIBILIDADES

Las zanahorias se pueden consumir de varias maneras. Aquí te presentamos seis:

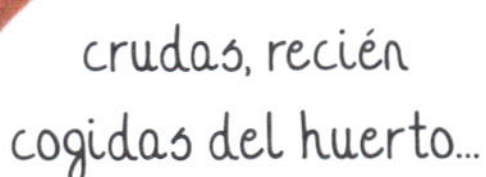

crudas, recién cogidas del huerto...

horneadas en un delicioso pastel...

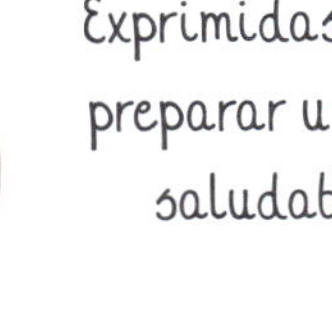

Exprimidas para preparar un jugo saludable.

cortadas en dados para un guiso...

conservadas como un encurtido agridulce...

o ralladas y frescas para una ensalada.

CONOCE LA FAMILIA

Las zanahorias pertenecen a la familia de las APIÁCEAS, antes clasificadas como umbelíferas, ya que sus flores crecen en forma de sombrilla invertida y se llaman umbelas (término procedente del latín *UMBELLA*, «sombrilla»).

ENCAJE DE LA REINA ANA

A esta planta, con su típica flor en forma de **umbela**, también se la conoce como zanahoria silvestre.

HIERBAS Y ESPECIAS

Muchos miembros de esta familia tienen usos culinarios. Algunas plantas, como el apio, tienen unos tallos sabrosos, mientras que hierbas como el hinojo, el eneldo y el perejil también son umbelíferas. Especias como la alcaravea, el coriandro (cuyas hojas se conocen como cilantro) y el comino también pertenecen a esta familia.

Petroselinum crispum

APIO **PEREJIL**

CICUTA

Es venenosa y fácil de **confundir** con el perifollo silvestre.

Ten cuidado y no toques esta planta: todas las partes son **tóxicas**.

CHIRIVÍA

La larga raíz pivotante de la chirivía es deliciosa **asada** con miel.

BREVE HISTORIA DE LAS ZANAHORIAS

La zanahoria doméstica se originó en Asia Central, donde se valoraba por sus **semillas** y hojas aromáticas.

La raíz pivotante de las zanahorias silvestres es **más pálida**.

Las primeras zanahorias cultivadas eran **moradas** y amarillas.

En los siglos XVI y XVII, los **holandeses** cultivaron una zanahoria más dulce y de un naranja más intenso.

Se desarrollaron nuevos tipos de zanahorias con raíces principales más **grandes** y **largas** y con mejor sabor.

Los **franceses** desarrollaron muchas de las variedades modernas de zanahoria, incluyendo la Nantes y la Chantenay.

Kublai Khan llevó zanahorias a China en el siglo XIII. Hoy en día, allí se cultivan más zanahorias que en cualquier otro lugar del mundo.

CULTIVA TUS PROPIAS ZANAHORIAS →

Las zanahorias necesitan una maceta honda para que su deliciosa y dulce raíz pivotante tenga espacio para crecer.

- Asegúrate de que la tierra esté suelta, sin piedras grandes. Esparce la mitad de tus semillas, cúbrelas con una capa fina de tierra y mantenlas húmedas hasta que comiencen a brotar.
- Repite este paso unas semanas después con el resto de las semillas. Esta técnica, llamada siembra escalonada, permite cosechar zanahorias frescas durante un periodo de tiempo más largo.
- Las zanahorias pueden verse afectadas por la mosca de la zanahoria, que destruye la sabrosa raíz. Cubre tu cultivo con una malla hortícola para prevenir que las moscas dañen tus plantas.
- A medida que las zanahorias vayan creciendo, arranca algunas para que queden separadas unos 3 o 4 centímetros. A esto se le llama aclareo. Si no lo haces, obtendrás zanahorias pequeñas y atrofiadas porque no tendrán suficiente espacio para crecer y convertirse en las zanahorias largas y robustas que deseas.
- Podrás cosechar tus zanahorias entre doce y dieciséis semanas después de sembrarlas.

ALOE VERA

el HÉROE DE LA INVENTIVA y la RESILIENCIA

Excepto en la Antártida, las suculentas se encuentran en todos los continentes del mundo.

Muchas suculentas, como el aloe vera, se encuentran en zonas áridas y se han adaptado para sobrevivir en condiciones muy secas.

ALOE VERA
ALOE VERA

El aloe vera es una suculenta resistente, probablemente originaria de los desiertos montañosos de Oriente Medio, donde ha evolucionado para soportar las malas condiciones del suelo y las sequías.

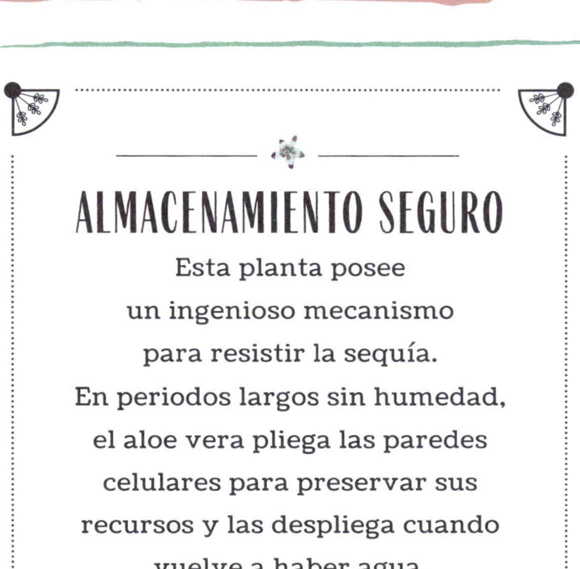

ALMACENAMIENTO SEGURO

Esta planta posee un ingenioso mecanismo para resistir la sequía. En periodos largos sin humedad, el aloe vera pliega las paredes celulares para preservar sus recursos y las despliega cuando vuelve a haber agua.

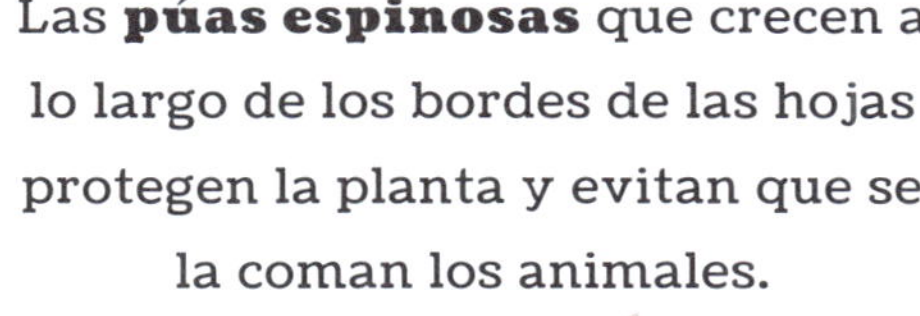

Las **púas espinosas** que crecen a lo largo de los bordes de las hojas protegen la planta y evitan que se la coman los animales.

borde de la hoja

La **flor** del aloe crece en un tallo alto y sin hojas.

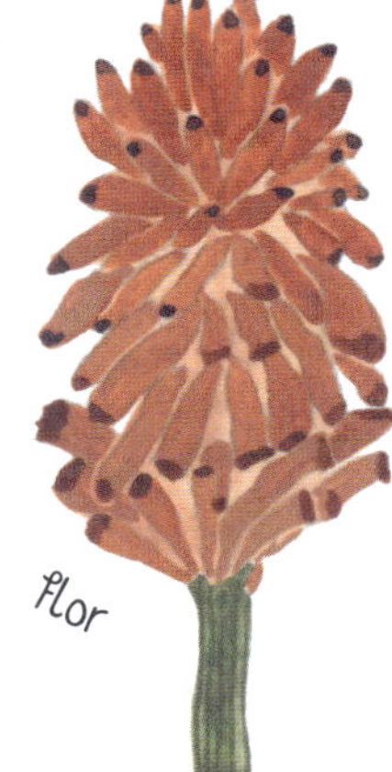

Los pétalos del aloe vera forman pequeños **tubos**.

Las hojas del aloe crecen en forma de **roseta** para capturar la humedad y enviarla a las raíces.

SAVIA CALMANTE

El aloe vera se cultiva en muchos lugares como planta medicinal por su savia. Se utiliza en geles y lociones, así como en jabones, champús y ungüentos. Algunas personas incluso parten una hoja y frotan la savia directamente sobre la piel quemada por el sol para aliviarla.

CONOCE LAS SUCULENTAS

No todas las SUCULENTAS pertenecen a la misma familia. Sin embargo, comparten la capacidad de combatir la sequía almacenando líquido en sus tallos y hojas carnosas. Eso les permite resistir en algunas de las condiciones de cultivo más adversas del mundo.

SIEMPREVIVA

Tradicionalmente, estas plantas que crecen en **rosetas** se cultivaban en los tejados de las casas.

Sempervivum calcareum

SAGUARO

Este icónico cactus puede alcanzar ¡más de **12 metros** de altura!

Carnegiea gigantea

AGAVE TEQUILERO

Crece en los desiertos de México, donde se usa para elaborar tequila y **sirope**.

Agave tequilana

NOPAL

La parte carnosa interior del nopal se utiliza en la **cocina mexicana**.

Opuntia ficus-indica

CACTUS

Casi todos los cactus son suculentas, ¡pero no todas las suculentas son cactus! La mayoría pierden sus hojas con el tiempo, pero tienen espinas puntiagudas que les ayudan a minimizar la pérdida de agua.

ÁRBOL DE JADE

En la cultura china se considera de buen augurio, y suelen llamarla la planta del dinero.

Crassula ovata Gollum

CULTIVA TUS PROPIAS SUCULENTAS →

Crea un pequeño jardín desértico interior o exterior en una maceta.

- Busca un recipiente poco profundo de arcilla o cerámica, llénalo con tierra arenosa y bien drenada y aplánala con cuidado.
- Elige diferentes suculentas en un centro de jardinería local. Puedes tener tantas como quieras, pero recuerda que cuantas más plantas tengas, antes tendrás que separarlas y volver a plantarlas.
- Saca las suculentas de sus macetas y plántalas en los recipientes.
- Coloca grava o una mezcla de piedras sobre el recipiente para cubrir la tierra y riega bien las plantas.
- Como toque final, puedes añadir un adorno o una madera flotante para decorar.
- Asegúrate de que el recipiente reciba mucha luz y agua ocasionalmente. Dependiendo de dónde vivas y de las suculentas que hayas elegido, quizá deban estar dentro de casa en invierno.

BREVE HISTORIA DE LAS SUCULENTAS

En el antiguo Egipto las mujeres usaban el aloe vera para sus rutinas de **belleza**.

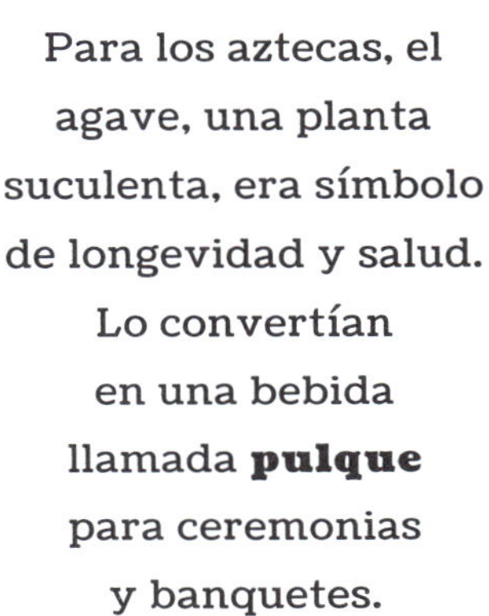

Para los aztecas, el agave, una planta suculenta, era símbolo de longevidad y salud. Lo convertían en una bebida llamada **pulque** para ceremonias y banquetes.

Los pueblos azteca y maya crearon el tinte **grana cochinilla**, de un rojo intenso, a partir de las cochinillas que viven en las tunas.

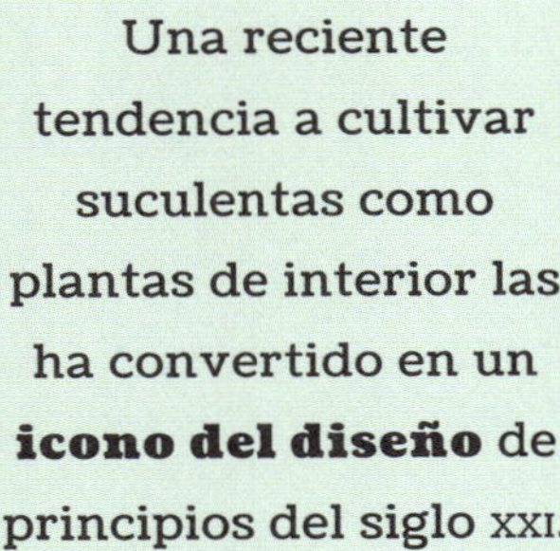

Los conquistadores españoles en México trajeron el tinte a **Europa**, junto con otras suculentas, todas muy apreciadas.

Una reciente tendencia a cultivar suculentas como plantas de interior las ha convertido en un **icono del diseño** de principios del siglo XXI.

PLANTAS DEL TÉ

las HEROÍNAS DE LA SALUD y la HOSPITALIDAD

¿Alguna vez has ido a casa de alguien y te han ofrecido una taza de té a modo de bienvenida?

¡No eres el único! Después del agua, una infusión de la planta del té -un té- es una de las bebidas más populares del mundo.

PLANTA DEL TÉ
CAMELLIA SINENSIS

Esta resistente plantita brinda salud y felicidad todo el año. Sus hojas aromáticas, recolectadas en primavera, sirven para preparar una taza de té, y sus flores blancas alegran el otoño.

CONSEJOS CLAVE

Una especie en particular, *Camellia sinensis*, conocida comúnmente como planta del té, se utiliza para elaborar la famosa bebida.

Solo se cosechan el brote y las dos hojas superiores, conocidas como las yemas de la *Camellia*.

flor

hoja

tallo

Las plantas del té pueden crecer ¡más de **15 metros** de altura! Pero la mayoría se podan para que sea más fácil cosecharlas y para estimular el crecimiento de nuevos brotes.

Más de un tercio del té del mundo se cultiva en **China**.

Los tés de mejor sabor provienen de grandes **altitudes**, alrededor de los 1500 metros, donde las plantas crecen más despacio pero producen un té más sabroso.

Aproximadamente cada una o dos semanas, la planta del té genera nuevos brotes y hojas, cuya cosecha se llama ***flush***.

Ciertos tés se recogen de una cosecha específica. Por ejemplo, el **té de Assam** proviene de la segunda cosecha.

Esta se considera la mejor cosecha de la temporada porque las hojas desarrollan muchas **yemas doradas**, lo que da a la infusión un color y un sabor más intensos.

MÁS QUE BIENVENIDO

Entre sus muchos beneficios, ciertos tés ayudan a fortalecer el corazón y el sistema inmunológico e incluso a prevenir algunos cánceres. Una taza de té también es una forma perfecta de dar la bienvenida a tus visitas: ¡un símbolo de hospitalidad!

CULTIVA TU PROPIA PLANTA DEL TÉ →

- Si vives en una zona donde no hace mucho frío, puedes cultivar una planta del té en el exterior, en la tierra. En caso contrario, también crece bien en una maceta de interior.
- Puedes cultivar semillas o plantas jóvenes en otoño o primavera. Elige un lugar soleado con algo de sombra y asegúrate de regarlas lo suficiente en verano.
- Con los años puede alcanzar un buen tamaño, pero la puedes mantener pequeña si la podas regularmente, lo cual aumenta la aparición de brotes nuevos que puedes secar para preparar té.

EL ROSA LE SIENTA BIEN

La mayoría de las flores de camelia son blancas, rosa intenso o rojas, ¡o de un tono intermedio! Suelen tener un aroma exquisito, lo que las convierte en unas flores ornamentales muy populares.

CONOCE LA FAMILIA

La camelia pertenece a la familia del té, las TEÁCEAS. Sin embargo, la mayoría de sus parientes solo son conocidos por sus hermosas flores.

«Rainbow»
Florece a principios del **otoño**, justo cuando muchas otras flores de jardín se marchitan.

CAMELIA COMÚN
Se han cultivado más de 30 000 variedades de esta popular especie. Es originaria de Japón, Corea del Sur y China, donde florece durante las festividades del Año Nuevo Lunar.

Camellia japonica Bonomiana

«Bonomiana»
Una hermosa variedad que florece a partir de **finales del invierno**.

Se necesitan entre diez y treinta hojas (aproximadamente una cucharadita) para preparar una taza de té.

Las hojas de la planta del té son muy versátiles. Dependiendo de cómo se sequen y procesen, se obtienen tés de diversos sabores y colores. Aquí tienes algunos ejemplos.

BREVE HISTORIA DE LAS PLANTAS DEL TÉ

Hoy en día, algunos de los mejores tés del mundo se cultivan en la región de **Darjeeling**, en la India, a una altitud de entre 600 y 2 000 metros, en las faldas del Himalaya.

El té contiene **cafeína**, que consigue que quien lo bebe se sienta más despierto.

Se cree que el primer té se cultivó en **China** hace más de 3000 años. Desde entonces, se ha utilizado como una forma de dar la bienvenida.

Unos viajeros del siglo XVII trajeron el té de China a **Europa**, donde se popularizó enseguida.

ARCE

el HÉROE DE LA PACIENCIA y el PODER

Los árboles tienen el poder de dar vida: nos proporcionan el oxígeno que respiramos, nos protegen del sol y nos alimentan.

Algo tan imponente requiere tiempo para crecer. Eso significa que un gran arce puede tener 200 años o más.

ARCE AZUCARERO
ACER SACCHARUM

El arce azucarero es uno de los árboles más emblemáticos del hemisferio norte, conocido por la peculiar forma de sus hojas y su delicioso jarabe. Lo bueno se hace esperar... Un árbol debe tener entre treinta y cuarenta años para poder extraer savia de su tronco.

Los arces azucareros crecen hasta alcanzar los **30 metros** de altura.

HELICÓPTEROS

Los frutos de los arces, llamados sámaras, también se conocen como helicópteros por la forma en que giran al caer de los árboles.

En otoño, la espectacular transformación del **color** en los bosques de arces se ve desde el espacio.

Las hojas de arce tienen lóbulos con **nervaduras** y su forma recuerda la palma de una mano.

JARABE

El *Acer saccharum* se conoce como arce azucarero porque la savia que produce en el tronco se utiliza para elaborar jarabe de arce. El jarabe se clasifica según su color. Cuanto más oscuro es, más intenso es su sabor.

Además es una de las pocas familias de árboles con las hojas siempre **enfrentadas** en lados opuestos del tallo.

CONOCE LA FAMILIA

Entre las SAPINDÁCEAS, familia de las jabonosas, hay especies en todo el mundo que tal vez conozcas. ¿Has probado el lichi? ¿O has jugado con los frutos de un castaño de Indias? Ambos pertenecen a esta familia.

ARCE JAPONÉS

Elegante arbolito apreciado por sus **hojas** de color rojo intenso.

LICHI

Alto y perenne, produce un **fruto dulce** cubierto por una cáscara dura de color rosa rojizo.

NUEZ DE JABÓN

También conocida como **baya de jabón** gracias a las propiedades limpiadoras naturales de su fruto.

SAPINDUS

Muchas de estas plantas contienen sustancias químicas tóxicas para el consumo pero que hacen espuma en el agua y se pueden usar como jabón natural.

CASTAÑO DE INDIAS

Produce unas flores erguidas, denominadas **candelas**, en primavera y unas semillas parecidas a nueces, llamadas **castañas**, en otoño.

CULTIVA TU PROPIO BOSQUE DE ARCES (EN MINIATURA) →

Pese a que los arces son fáciles de cultivar a partir de semillas, ten paciencia y sigue el proceso natural, aunque te lleve más tiempo del esperado.

BREVE HISTORIA DE LOS ARCES

Los pueblos indígenas de América del Norte descubrieron múltiples maneras de utilizar los arces nativos, incluida la recolección de su savia para elaborar **jarabe de arce**.

En China, durante la dinastía Tang recrear en miniatura una imagen de la naturaleza se consideraba un arte sagrado llamado **penjing**.

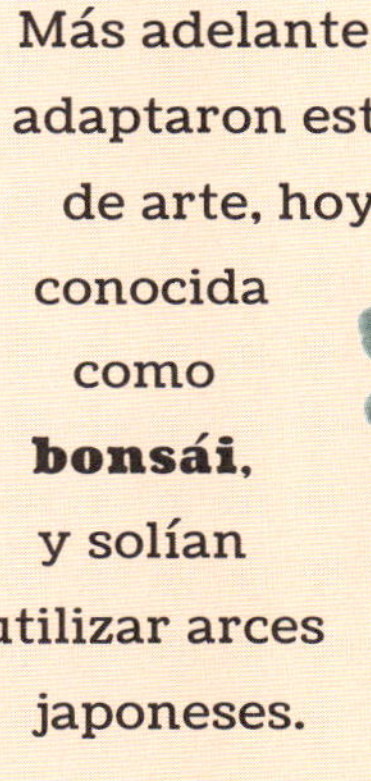

Más adelante, los japoneses adaptaron esta forma de arte, hoy conocida como **bonsái**, y solían utilizar arces japoneses.

Desde el siglo XVIII, la hoja de arce ha sido el emblema nacional de Canadá, y en 1965 se incorporó al diseño de su **bandera** para simbolizar fuerza y resistencia.

- En otoño, las hojas cambian de color y las semillas maduran; puedes plantarlas en una maceta poco profunda con tierra. Cúbrelas con cuidado y riégalas con moderación.
- En invierno, es importante que permanezcan en el exterior o en un lugar fresco durante unos tres meses.
- En primavera, tal vez empiecen a brotar plántulas, y tendrás que protegerlas de los bichos.
- En verano, asegúrate de regar las plantas con regularidad a medida que tu pequeño bosque de arces va creciendo.

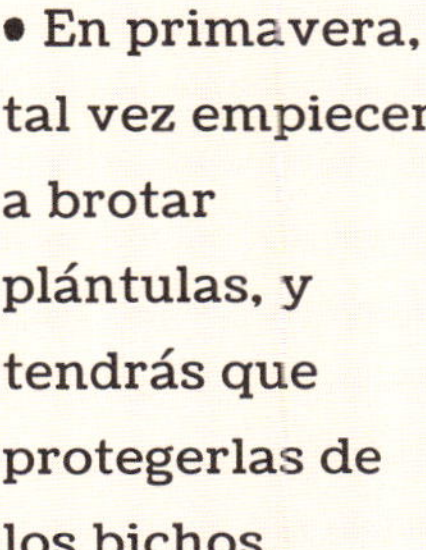

Con paciencia, se convertirán en hermosos árboles. Puedes separarlas y darles espacio para que se desarrollen, aunque también puedes cultivarlas muchos años en una maceta jardinera.

BAMBÚ

el HÉROE DE LA PRACTICIDAD y la PROVISIÓN

Hay muy pocas plantas con tantas aplicaciones útiles como el bambú

Se puede usar para fabricar alimentos, combustible, papel, ropa, herramientas e incluso casas... ¡y la lista continúa!

BAMBÚ COMÚN
BAMBUSA VULGARIS

Cuando pensamos en las gramíneas, imaginamos praderas o un jardín con césped, pero son mucho más que eso. El bambú demuestra que las gramíneas son una de las familias de plantas más prácticas, que nos proporcionan todo lo que necesitamos.

EL OSO DEL BAMBÚ

El panda gigante consume entre ¡12 y 38 kilogramos de bambú al día!

El bambú es una de las plantas que **crece más rápido** de la Tierra. ¡Algunas especies crecen 40 milímetros por hora!

Los brotes tiernos se pueden pelar, hervir y luego **comer**.

El bambú puede utilizarse para hacer palillos y platos, ¡así que puedes servir bambú y también comer con él!

CONSTRUCCIÓN CON BAMBÚ

El bambú es el material de construcción ideal. Sus cañas largas, rectas y huecas son ligeras, pero muy firmes, además de ser flexibles y resistentes al agua.

CONOCE LA FAMILIA

La familia de las GRAMÍNEAS es muy diversa. Pueden encontrarse en casi todos los hábitats terrestres, incluso en la Antártida. Es una de las familias de plantas más importantes, ya que nos proporcionan muchas fuentes de alimento: arroz, cereales, maíz y azúcar.

MODIFICACIÓN GENÉTICA

La mayoría de culturas dependen de varios tipos de cereales, que han llevado a la investigación en transgénicos (organismos genéticamente modificados) para aumentar su rendimiento, salubridad y productividad.

Triticum aestivum

TRIGO

El **grano** de esta planta se muele para obtener harina, que en las culturas occidentales se utiliza para hacer pan.

CAÑA DE AZÚCAR

Gran parte del azúcar que consumimos en postres y dulces proviene de esta **hierba alta** de clima cálido.

De hecho, se puede cortar, pelar el tallo y morderlo para saborear su **dulce jugo**.

Saccharum Officinarum

ARROZ

El arroz es la **semilla** de una hierba. Alimenta a más población mundial que cualquier otra planta.

BREVE HISTORIA DE LAS GRAMÍNEAS

Al poder secarse, los **granos enteros** —como el trigo, la avena, el maíz y el arroz integral— son fáciles de almacenar y distribuir.

Los antiguos griegos y egipcios llenaban barcos con grano y otros productos para comerciar en grandes mercados, mientras que los pueblos indígenas americanos intercambiaban granos como el maíz.

Mientras tanto, en la Europa medieval el **césped** se convirtió en símbolo de riqueza, al ser usado para ocupar grandes extensiones de tierra. Esto es todavía visible hoy en día en los jardines occidentales.

Se cree que el proceso de recolección del **azúcar** cristalizado de la caña de azúcar comenzó en la India en el siglo v.

Los europeos introdujeron la caña de azúcar en el Caribe, donde la producción de azúcar era muy rentable a causa de la **esclavitud**.

CULTIVA TUS PROPIAS GRAMÍNEAS PARA HACER PALOMITAS →

Un tipo de hierba divertida para cultivar (¡y luego comer!) es el maíz palomero. Pero cuidado: si intentas plantar semillas de maíz palomero junto con maíz dulce normal, pueden polinizarse de forma cruzada, dando lugar a granos que no explotarán.

- En primavera, cuando el suelo se haya calentado y la temperatura ronde los 10 grados, planta tus semillas separadas 10-15 centímetros y a una profundidad de 2-3 centímetros.
- Lo ideal es plantar bloques de cuatro hileras separadas entre 40 y 60 centímetros. Esto permite que el maíz se polinice bien y produzca mazorcas repletas de grano.
- Mantén tu cultivo bien regado y, a los tres o cuatro meses, una vez formadas las mazorcas y secas las hojas externas (unos 100-120 días después de sembrar), cosecha las mazorcas.
- Sigue secándolas en el interior unas semanas más para asegurarte de que no haya humedad ¡y ya podrás hacer palomitas!

CALABAZAS

las HEROÍNAS DE LA PROTECCIÓN y el COMPAÑERISMO

Las calabazas y Halloween van de la mano, cuando por superstición colocamos faroles para protegernos de los malos espíritus.

Las calabazas que nos hacen compañía en esa noche tan especial del año también son excelentes compañeras para las plantas que crecen junto a ellas durante toda la temporada.

CALABAZA
CUCURBITA PEPO

Las calabazas son un tipo de calabacín. Estas plantas crecen juntas por el sistema del cultivo asociado: los jardineros agrupan plantas que se ayudan mutuamente a crecer y aumentan la producción de sus tierras.

¿LA CALABAZA ES UN CALABACÍN?

Botánicamente, sí. Es fácil confundir ambas plantas antes de que los frutos empiecen a madurar, pero luego se diferencian: la calabaza es dura, redonda y de color naranja, mientras que el calabacín es verde y alargado.

La **pulpa** de la calabaza es la parte que más se consume.

Las calabazas crecen en una **enredadera**, como todos sus parientes.

Técnicamente, las calabazas son **frutas**: tienen un interior carnoso lleno de semillas y cubierto de piel.

En Estados Unidos las calabazas están muy presentes en otoño. El **día de Acción de Gracias** se come pastel de calabaza.

Las **semillas**, hojas y flores de calabaza también son comestibles.

TRES HERMANAS

La calabaza es una de las «Tres Hermanas», como dicen los iroqueses. Las otras dos son los frijoles (una legumbre) y el maíz. Los iroqueses y otros pueblos indígenas se dieron cuenta de las ventajas de cultivarlos juntos: los tallos de maíz ofrecen una estructura a los frijoles, los cuales, por su parte, aportan nitrógeno al suelo, lo que beneficia al maíz. Y las hojas de calabaza que cubren el suelo mantienen la humedad y alejan las plagas.

CONOCE LA FAMILIA

Las calabazas provienen de la familia de las CUCURBITÁCEAS, que se encuentran entre los primeros vegetales que cultivó el ser humano. Otras cucurbitáceas muy conocidas son el pepino y el calabacín.

SANDÍA

Casi el 90 % de esta fruta originaria de África está compuesta de **agua**, de ahí que en inglés se llame *watermelon* (melón de agua).

PEPINO

Existen **tres** tipos principales de pepino: para rebanar, para encurtir y sin semillas.

Cucumis sativus

MELONES

Todas las variedades de melón pertenecen a esta familia, incluyendo la sandía, el melón cantalupo y el melón dulce, por nombrar solo algunas.

PORONGO

Esta fruta también se conoce como calabaza vinatera o **calabaza de peregrino.**

CULTIVA TUS PROPIAS CALABAZAS →

No importa si intentas batir un récord mundial con la calabaza más grande de la historia, cultivar algunas pequeñas para decorar en Halloween o preparar una deliciosa tarta: los principios básicos para cultivar calabazas son prácticamente los mismos.

- Planta tus semillas directamente en el suelo si no hay peligro de que una helada mate las plántulas jóvenes. También puedes empezar a cultivarlas unas semanas antes en interiores.
- Dependiendo de la variedad, asegúrate de que las enredaderas tengan suficiente espacio para

BREVE HISTORIA DE LAS CALABAZAS

Las primeras calabazas cultivadas datan de hace 7500 años, en las tierras altas de **México**.

Las calabazas fueron un valioso alimento para los **pueblos indígenas** americanos, ya que podían almacenarse durante largos periodos.

Los inmigrantes irlandeses fueron los primeros en utilizar **faroles tallados** para ahuyentar a los espíritus malignos en plena noche.

Los faroles originales se hacían con nabos, pero hoy las calabazas se usan simbólicamente con el mismo propósito en **Halloween**.

Cuando los peregrinos conocieron las calabazas gracias al pueblo wampanoag, empezaron a prepararlas de distintas maneras. La primera receta de **tarta de calabaza**, similar a la actual, fue registrada en 1796.

crecer. Si están demasiado juntas, se apelotonarán y podría haber plagas y enfermedades, lo que impediría que las calabazas se desarrollaran.

- También puedes cultivar una calabaza o una planta de calabacín en una maceta o un recipiente grande si no tienes un jardín. Necesitarás una maceta de 45 litros para una planta, y lo ideal es elegir una variedad de crecimiento más limitado.

- Todas las variedades de calabaza requieren mucho sol, una buena circulación de aire, un riego regular en verano y una fertilización frecuente, ya que necesitan muchos nutrientes.

- Puedes tardar cien días o más en obtener tu primera cosecha de calabazas o calabacines.

ORQUÍDEAS

las HEROÍNAS DEL ARTE y la ASTUCIA

Hay orquídeas con flores tan inusuales y exóticas que te sorprenderán.

Algunas pueden parecernos hermosas y otras no, pero estas flores extraordinarias cumplen una función natural que podríamos calificar de astuta.

ORQUÍDEA ABEJA
OPHRYS APIFERA

Algunas orquídeas ingeniosas han evolucionado durante millones de años para engañar a las criaturas que las polinizan: producen unas flores que se parecen mucho a los animales y les hacen creer que son una posible pareja para atraerlos y ser polinizadas.

UNA ENTRE UN MILLÓN

La vaina de una sola orquídea puede contener millones de semillas diminutas. Estas deben caer en el lugar justo, ya que la mayoría de las orquídeas requieren un tipo especial de hongo para crecer.

Las orquídeas abeja tienen unos **tépalos** rosados distintivos.

Las orquídeas son una de las especies de flores **más antiguas** y existen desde el Cretácico Superior.

Varios países, entre ellos Brasil, Singapur y Belice, han declarado la orquídea como su **flor nacional**.

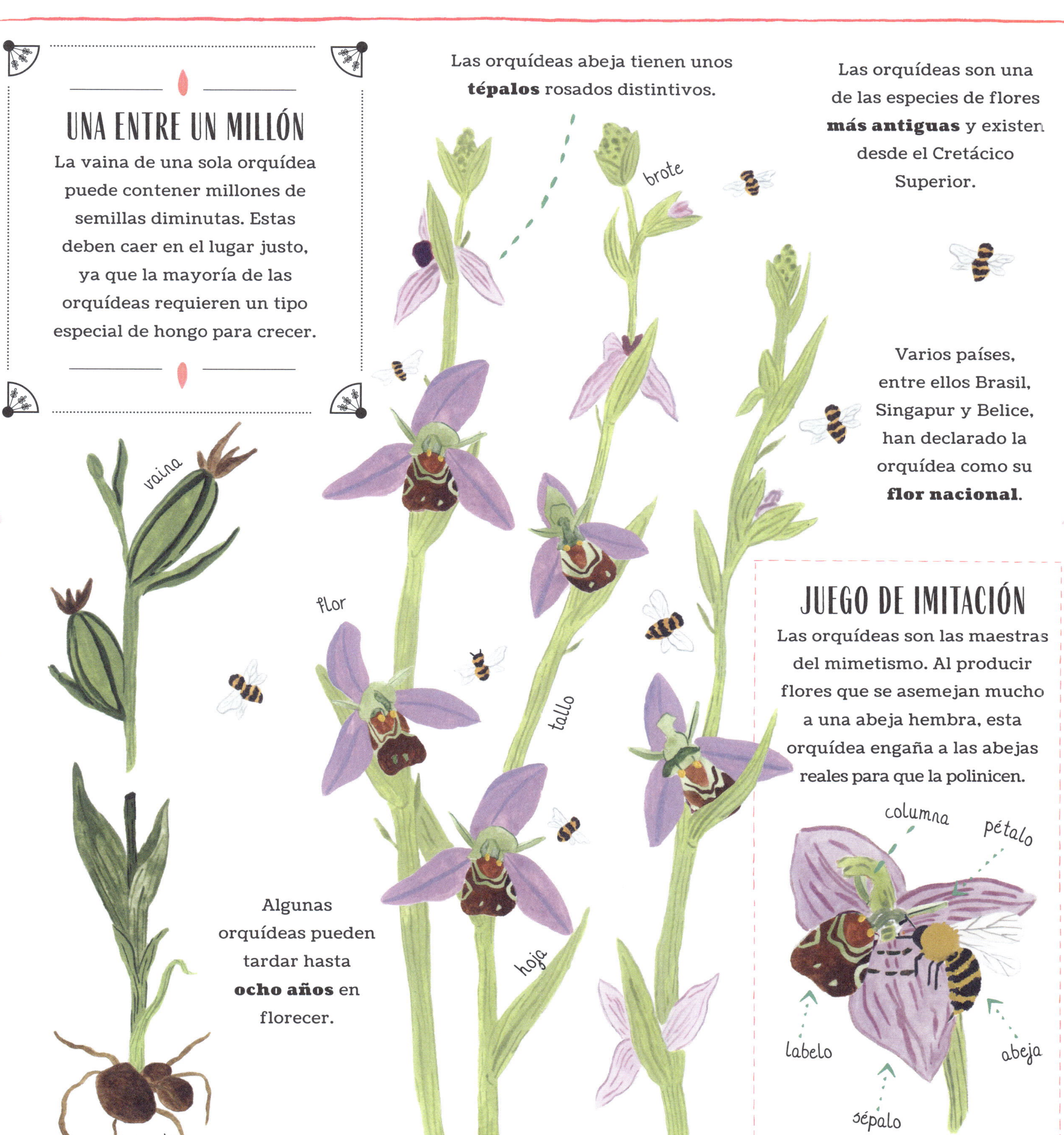

Algunas orquídeas pueden tardar hasta **ocho años** en florecer.

JUEGO DE IMITACIÓN

Las orquídeas son las maestras del mimetismo. Al producir flores que se asemejan mucho a una abeja hembra, esta orquídea engaña a las abejas reales para que la polinicen.

CONOCE LA FAMILIA

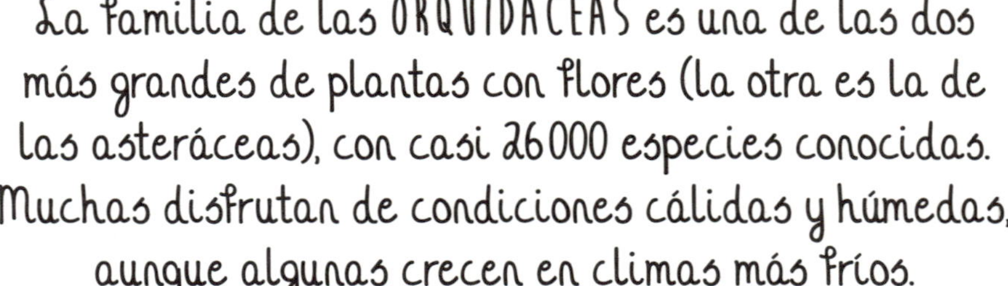

La familia de las ORQUIDÁCEAS es una de las dos más grandes de plantas con flores (la otra es la de las asteráceas), con casi 26 000 especies conocidas. Muchas disfrutan de condiciones cálidas y húmedas, aunque algunas crecen en climas más fríos.

ZUECO DE DAMA

Llamada así por su labelo en forma de **zapatilla**.

Cypripedium calceolus

SIMETRÍA

Las flores de las orquídeas tienen simetría bilateral, lo cual significa que si se traza una línea a través del centro de la flor, una mitad será la imagen especular de la otra. Esto se conoce como zigomorfia.

Vanilla planifolia

VAINILLA

Las vainas curadas de esta orquídea se llaman vainas de vainilla. De ellas proviene el extracto natural de vainilla.

FLOR DE GARCETA

La flor de esta orquídea parece un **pájaro** en vuelo.

ORQUÍDEA MOSCA

Esta orquídea tiene la apariencia de una mosca para atraer **polinizadores** como la avispa excavadora.

BREVE HISTORIA DE LAS ORQUÍDEAS

Se encontró un **fósil** de ámbar que data de hace 45-55 millones de años y contiene insectos antiguos con polen de orquídea.

La elegante y perfumada orquídea *Cymbidium* fue una imagen frecuente en el arte y la poesía de la antigua **China**.

En la época victoriana, las orquídeas se convirtieron en un símbolo de estatus social. **Cazadores de orquídeas** a sueldo emprendían peligrosas expediciones solo para traer plantas a Europa.

Lamentablemente, algunas especies silvestres se han **extinguido** debido a la recolección excesiva.

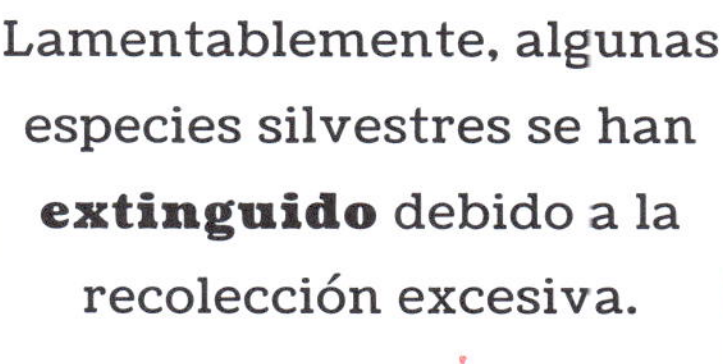

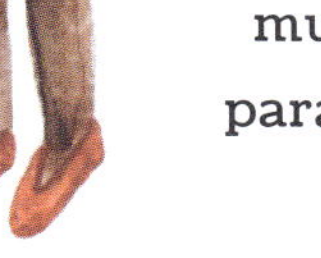

La **tecnología** moderna permite un cultivo mucho más rápido para los recolectores domésticos.

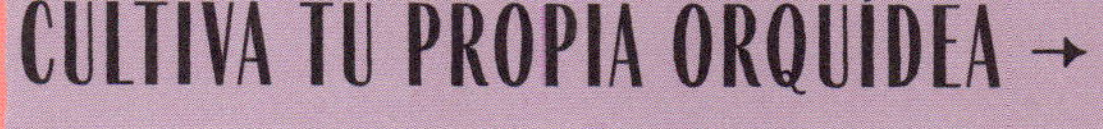

CULTIVA TU PROPIA ORQUÍDEA →

Una de las orquídeas más populares y fáciles de cultivar es la *Phalaenopsis*, también llamada orquídea polilla porque un naturalista la confundió con unas polillas en Java en la década de 1750.

- Cultivar una orquídea a partir de semillas es muy difícil, por lo que es más práctico comprarla.
- Es importante conocer el origen de la variedad y su entorno natural, y luego encontrar la manera de proporcionar unas condiciones similares en casa: cada orquídea necesita distintos cuidados.
- Las orquídeas polilla son originarias del Sudeste Asiático y son unas de las más adaptables, ya que pueden crecer con luz y temperaturas moderadas.
- Dado que las *Phalaenopsis* silvestres crecen como epífitas (plantas aéreas que se adhieren a los troncos y las ramas de los árboles en vez de enraizar en el suelo), conviene cultivarlas en cortezas o musgo.
- En la naturaleza, el dosel de los árboles las protege, y no requieren mucha humedad. Riégala una vez a la semana (o cada dos en invierno), colócala en un lugar luminoso y ¡disfruta de su floración!

GLOSARIO

ANUAL – planta que completa su ciclo de vida en una sola temporada de crecimiento antes de morir.

ANTIBIÓTICO – medicamento que mata bacterias.

ÁRIDO – clima de escasa lluvia.

BROTE – parte compacta y cerrada de una planta que se desarrolla en una hoja o flor.

BULB – órgano de almacenamiento subterráneo presente en algunas plantas, como los tulipanes.

COMPOST – materia orgánica descompuesta, llena de nutrientes.

CULTIVAR – abreviatura de «variedad cultivada»; planta creada mediante crianza selectiva.

ESQUEJE – pequeña planta nueva, cuidadosamente separada de una planta madre.

COMESTIBLE – apto para ser consumido como alimento.

EPÍFITO – planta que crece sobre otra planta, no en el suelo.

PULPA – parte comestible de una planta.

FRUTO – producto comestible de una planta que contiene su semilla.

HONGOS – reino de organismos productores de esporas.

GERMINAR – que una semilla o espora produzca brotes.

TRANSGÉNICO – organismo genéticamente modificado. Cualquier planta alterada mediante técnicas de ingeniería genética.

RESISTENTE – tolerante a las bajas temperaturas.

HIERBA AROMÁTICA – se usa para condimentar otros productos.

HÍBRIDO – resultado de la polinización cruzada de dos plantas progenitoras.

MUTACIÓN – cambio natural en los genes de una planta.

PERENNE – planta que vive durante todas las estaciones.

POLINIZACIÓN – transferencia de polen que permite la fertilización de una planta.

SAVIA – líquido del interior de una planta.

SÉPALO – parte exterior de una flor que protege el capullo y sostiene los pétalos en la floración.

ESPECIA – condimento vegetal para alimentos.

TÓXICO – sustancia dañina o venenosa.

CLASIFICACIÓN DE LAS PLANTAS

Las plantas (como todos los seres vivos) se clasifican en un sistema que va desde grupos grandes a grupos más pequeños y específicos. Es similar a la clasificación de los libros en una biblioteca: los infantiles están en un lado y los libros para adultos en otro. Dentro de estas secciones hay categorías secundarias, como libros ilustrados o libros de no ficción. Y dentro de estas hay más divisiones: libros de no ficción sobre el espacio, sobre animales o de historia. Un ejemplo de cómo se clasifica una especie dentro del reino vegetal, el tomate:

REINO – Plantae (plantas)

↓

DIVISIÓN – Magnoliophyta (plantas con flores)

↓

CLASE – Magnoliopsida (plantas con flores)

↓

ORDEN – SOLANALES (PLANTAS CON FLORES)

↓

FAMILIA – SOLANACEAE (SOLANÁCEAS)

↓

GÉNERO – SOLANUM

↓

ESPECIE – S. LYCOPERSICUM (TOMATE)

Dentro de cada especie hay diferentes variedades: los tomates cherri y los tomates beefsteak son la misma especie de planta.

Penguin
Random
House

De la edición en español:
Traducción: Helena Aguilà Ruzola
Corrección: Miquel Arderiu
Composición y maquetación: JuanStudio
Coordinación de proyecto: Lakshmi Asensio Fernández
Dirección editorial: Elsa Vicente

Publicado por Dorling Kindersley Limited
DK, 20 Vauxhall Bridge Road, Londres, SW1V 2SA
Parte de Penguin Random House

Título original: *Grow*

Primera edición: marzo 2026

ISBN: 979-8-2171-4014-5

Impreso y encuadernado en China

www.dkespañol.com